영어 공부, 단어WORD가 답이다

영어 철자왕이 알려주는 똑똑한 영어 단어 공부법

영어 공부, 단어가 답이다

초판 1쇄 인쇄 2019년 9월 27일
초판 1쇄 발행 2019년 10월 5일

지은이 최정원, 정수인

발행인 백유미 조영석
발행처 (주)라온아시아
주소 서울특별시 서초구 효령로 34길 4, 프린스효령빌딩 5F

등록 2016년 7월 5일 제 2016-000141호
전화 070-7600-8230 **팩스** 070-4754-2473

값 13,800**원**
ISBN 979-11-90233-13-2 (03370)

※ 라온북은 (주)라온아시아의 퍼스널 브랜드입니다.

라온북은 독자 여러분의 소중한 원고를 기다리고 있습니다. (raonbook@raonasia.co.kr)

영어 철자왕이 알려주는 **똑똑한 영어 단어 공부법**

영어 공부, 단어WORD가 답이다

How to be a Spelling Bee Champion

최정원, 정수인 지음

RAON BOOK

• 프롤로그 •

스펠링비는 1925년 미국에서 처음 시작되었고 수인이의 스펠링비는 2010년에 시작되었다.

내가 수인이와 함께한 어휘 공부에 대한 책을 쓴다고 했을 때, 남편은 다른 엄마들도 다 나만큼 아이들 교육에 열성을 다한다는 이유를 들어 나를 만류했다. 맞는 말이다. 어찌 보면 세상 모든 엄마들이 다 나만큼, 아니 나보다 더 자식의 교육에 관심이 많을 것이다. 하지만 나는 세 아이의 육아 단계를 지나서 교육 단계에 들어서면서 내가 계획한 목표가 제대로 실현되고 있다고 확신했다. 그 계기는 주변 사람들의 인정이었다. “이 집 아이들은 항상 웃고 있어요. 학교에서도 아이들 얼굴이 정말 행복해 보여요. 그래서 어떤 가정에서 살고 있는지 정말 궁금했어요.” 얼마 전 학교 체육대회에서 만난 한 학부모에게 들은 말이다. 학교 선생님들에게 세 아이 모두 항상 웃고 있다는 의미에서 ‘스마일 패밀리’라는 말은 많이 들었지만, 이렇게 칭찬과 함께 ‘행복’을 언급한 분은 처음이었다. 그래서인지 내 가슴에 큰 울림이 오면서 자신감도 생겼다.

그렇다.

아이들이 '행복'하게 살 수 있게 하는 것이 나의 교육 목표다. 다른 부모들에게는 아이를 양육하며 저마다 다른 목표들이 있겠지만, 나의 목표는 아이들이 행복하게 사는 것이다. 그럼 행복하게 사는 것이란 어떤 것일까? 매일 놀기만 하고 공부도 안 하고 여행만 다니면 아이들이 행복해 할까? 그렇지 않다. 아이들도 자신의 자존감과 자신감이 제대로 세워져야 행복하다. 공부를 하지 않으면 성적이 잘 나올 수도 없고, 다른 아이들에게 인정받지 못하면 자신감도 떨어지고, 잘하고 좋아하는 일에서도 제 실력을 발휘하기 힘들어진다. 결과적으로 자존감도 떨어진다. 공부도 놀이도 친구 관계도, 그리고 삶의 만족도도 스스로의 노력으로 최상의 상태가 될 수 있어야 행복할 수 있다는 것이 나의 생각이다.

그렇다면 내가 아이들을 행복하게 만들기 위해 시도했던 교육법들에는 어떤 것이 있을까?

첫 번째는 스펠링비 대회다.

대부분의 사람들에게 생소하겠지만 스펠링비 대회는 영어 철자 맞추기 대회다. 무대에 서서 2분 동안 출제자가 발음하는 단어의 철자를 맞추는 대회로, 맏이 수인이와 두 동생은 이 스펠링비 대회에 참가해서 실패와 좌절도 겪었지만 꾸준히 공부해 좋은 성과를 거뒀다. 그 과정에서 세 아이는 영어 실력뿐만 아니라 성격도 많이 변했고 많이 성장했다.

두 번째는 선택과 책임이다.

나는 아이들이 말하기 시작할 때부터 아이들에게 의견을 묻고 선택권을 주면서 책임도 지게 했다. 스스로 생각하고 판단하되 그 판단에는 책임이 따른다는 것을 분명히 했다. 소소한 일상생활 하나 하나에도 아이들에게 억지로 강요한 부분은 없었다. 그 탓에 아이들은 슬럼프에 빠지더라도 쉽게 초심으로 돌아갈 수 있었다. 본인들이 직접 선택해서 배웠기 때문이다. 이와 같이, 선택과 책임을 동시에 지게 하는 것이 자기 주도적으로 인생을 살아갈 수 있게 하는 밑바탕이 된다.

세 번째는 남과 비교하지 않고 자신이 잘하는 것에 최선을 다하라는 것이다.

행복은 지극히 주관적이다. SNS의 글과 이미지로 즉각적인 평가가 수없이 오가는 세상에서 남과 비교하지 않고 스스로의 삶에 만족하기란 쉽지 않다. 누구나 각기 다른 재능이 있고 노력하면 꿈을 이룰 수 있다는 생각을 하고 소소하게 성취를 느끼면서 자라면, 자신의 주변이나 자신보다 성공한 사람을 만나더라도 자존감이 상하지 않는다. 그리고 끝까지 해내는 끈기가 있다면 쉽게 포기하기보다는 하나라도 더 힘내서 하게 될 것이다.

이 세 가지 교육법을 흔들리지 않게 지켜준 것이 스펠링비를 준비하며 시작된 어휘 공부였다. 초등학교 1학년 때 수인이가 멋모르고 나가서 학년 대표가 되면서 시작된 8년간의 여정을 통해서 수인이뿐만 아니라 우리 가족들은 많은 것을 배웠다. 나도 엄마로서 아이 교육은 처음이었고 수인이도 첫째 아이여서 처음으로 배우고 학습하는 상황이었는데, 그때 우리 삶에 스펠링비가 합류하면서 아이의 교육 방향도 자리가 잡혔다.

지난 8년을 뒤돌아보면 눈물과 환호, 안타까움이 연속된 시간이었다. 정보가 부족해 시행착오를 거듭했던 부분도 많았다. 실수를 통해서 얻은 점도 많았지만, 미리 알고 준비했다면 좀더 나은 길로 갔을 것 같다는 아쉬움이 늘 남았다. 다른 사람들이 나와 같은 전철을 밟지 않았으면 하는 바람에서, 나와 우리 아이들에게 새로운 길을 열어준 스펠링비를 통한 어휘 학습 노하우를 공유하고 싶었다.

아이들의 잠재력은 무한하다. 내가 직접 터득한 여러 방법을 이용하면 좀 더 많은 아이들이 자신의 잠재력을 발휘할 수 있는 계기가 될 것 같다. 아이들의 무한한 잠재력의 길을 터주는 데 이 책이 조금이나마 힘을 보태길 기대한다.

최정원

• 차례 •

2부 스펠링비 챔피언에 도전하다

3장 단어는 치열한 승부의 세계다

4장 어휘 실력 10배 올리자

우리는 계속 앞으로 나아가며
새로운 문을 열고 새로운 일을 한다.
그것은 우리가 호기심이 많기 때문이며,
호기심은 우리를 계속 새로운 길로 인도하기 때문이다.

– 월트 디즈니, 미국의 애니메이션 제작자이자
테마 파크 〈디즈니랜드〉 설립자

1부

어휘가 기본이다

1장

어휘의 세상에 뛰어들다

단어를 말하다

우승 단어

"c-o-a-l-e-s-c-e-n-c-e. coalescence(융합, 합체)."

2015년 한국 내셔널 스펠링비 대회에서 수인이가 꿈에 그리던 챔피언이 되는 순간이었다. 초등학교 1학년 때 만 7세의 나이로 교내 스펠링비 대회에 나가서 학년 대표로 발탁된 지 5년 만에 이뤄낸 성과였다. 멋모르고 시작했던 스펠링비 공부가 초등학교와 중학교 내내 이어질 줄은 엄마인 나도 수인이도 알지 못했다. 학교에서 처음으로 개최한 스펠링비 대회를 시작으로 수인이가 미국 내셔널 스펠링비 대회에 출전하기까지 계속된 여정에서 나도 수인이도 스펠링비의 매력에 빠질 줄은 미처 알지 못했다. 한 번의 우연한 선택이 우리에게 새로운 길을 열어 준 것이었다.

스펠링비는 단순히 영어 어휘를 많이 알면 참가할 수 있는 대회가 아니다. 스펠링비를 준비하기 위해 단어를 찾고 이해하고 익히면서 수인이는 영어 실력이 향상되었을 뿐만 아니라 성격까지도 많이 달라졌다. 나와 수인이는 준비 없이 시작했기에 여러 시행착오를 거쳤다. '좀 더 정보를 알고 있었다면 좋았을 텐데', '좀 더 준비했더라면 다음 라운드에 진출했을 텐데', '좀 더 마음을 다잡았더라면 더 자신 있게 말했을 텐데' 등의 후회를 거쳐서 어제보다는 나은 오늘이 되려고 노력한 과정이 바로 나와 수인이의 스펠링비 역사라고 말할 수 있다.

스펠링비(Spelling Bee) 대회는 학생들의 영어 철자와 어휘력을 향상시키고 단어의 개념을 익히고 올바른 영어 사용 능력을 향상시키기 위해 탄생한 대회로, 한국에서는 낯설지만 미국에서는 결승전이 TV로 생중계될 정도로 유명하다. 지역 학교에서 예선을 치르고, 주 예선을 거쳐 미국 수도 워싱턴 D.C.에서 열리는 본선에 참가하게 된다. 미국 학생들만 참가하는 것이 아니라 여러 나라의 학생들도 지역 예선을 거쳐서 본선에 진출할 수 있다. 정식 명칭은 Scripps National Spelling Bee(스크립스 내셔널 스펠링비)로, 미국 언론사 스크립스(E.W. Scripps) 사가 매년 주최한다. 8학년(우리나라 중학교 2학년에 해당)이나 16세 생일이 되기 전까지의 초등학생과 중학생이 참가할 수 있고, 각 지역 예선을 거쳐 출전한 참가자들은 무대의 마이크 앞에 서서 출제자의 발음을 듣고 철자를 맞히는 방식으로 대회가 진행된다.

어려운 철자의 단어들이 많이 출제되지만, 단순히 어려운 영어 단어를 많이 외운다고 해서 본선 무대에 진출할 수 있는 것은 아니다. 이 대회에 출전하기 위해서는 단어의 정의나 문장에서의 쓰임을 모른 채 철자만 달달 외워서는 절대 안 된다. 특히 발음도 중요하다. 출제자의 발음을 듣고 해당 단어의 철자를 말하는 대회이기 때문이다. 더구나 세계 역사와 문화, 단어의 어원을 모르면 풀기 어려운 단어들이 많이 출제되므로 단순 암기식 공부로는 스펠링비를 준비할 수 없다. 스펠링비 대회에서 좋은 성적을 거두려면 어원을 비롯하여 기본부터 깊이 있게 공부함으로써 영어 어휘에 대한 전반적인 인문학적 지식을 쌓아야 한다.

나와 수인이는 미처 이 사실을 알지 못한 채 스펠링비 대회를 준비하기 시작했지만, 여러 예선과 대회를 치르면서 저절로 깨닫게 되었다. 뉴스나 인터넷으로만 스펠링비를 접한 사람들은 자칫 잘못하면 어려운 단어만 외우는 대회라고 오해하기 쉬운데, 나는 내 자신과 수인이가 스펠링비를 통해서 어떻게 변했는지, 그 변화를 통해서 무엇을 얻었는지 다른 사람들에게 알려 주고 싶었다. 그리고 수인이와 함께한 스펠링비 8년의 경험으로 얻은 어휘 학습 노하우도 공유하고 싶었다.

수인이가 첫 아이인데다 스펠링비는 낯선 대회여서 처음에는 시행착오가 많았다. 자세한 정보가 없어서 수인이에게 미리 알려 주지 못한 것도 많았고, 아이를 키우면서 처음 경험하는 것들도 있어서 엄마인 내가 미처 준비하지 못한 것도 많았다. 아이에 대한 미안함과 내 자신에 대한 후회로 섬진강 휴게소에서 펑펑 운 일은 평생토록 기억할 것 같다. 직접 경험해 봐야 아는 것들도 많지만, 조금이라도 정보를 알고 있다면 훨씬 더 직접적으로 아이를 인도

English Note

스펠링비 대회의 역사

스펠링비는 세계에서 가장 큰 규모의 철자 맞추기 대회이자 지금까지 92회 개최된 유서 깊은 대회다(2019년 기준). 1925년 9개의 지방 신문사가 협력해 첫 번째 전국대회인 'National Spelling Bee' 대회를 개최했고, 1941년 언론사 스크립스 사가 후원사가 되면서 '스크립스 내셔널 스펠링비(http://spellingbee.com)'로 불리게 된다. 2차 세계대전 중이던 1943년부터 1945년까지를 제외하고는 매년 대회가 개최되었다. 1994년부터는 결승전이 TV로 생중계되기도 했고, 스펠링비 대회의 인기가 올라가면서 참가자의 숫자도 치솟았다. 2019년에는 전국 예선을 뚫고 본선에 참가한 50명의 참가자들이 5시간 30분 만에 최종 결승에 오를 '최후의 16인'으로 압축되었다. 20라운드가 넘는 접전 끝에 도전자 8명 모두에게 우승 트로피가 돌아갔고, 스펠링비 대회 사상 처음으로 8명의 공동 우승자가 나왔다.

스펠링비 이름의 유래

왜 철자 알아맞히기 대회를 '스펠링비(Spelling Bee)'라고 하는지 정확한 유래는 알려지지 않았다. 스크립스 사에 따르면, "단어 bee는 만족스럽게 설명된 적이 없는 언어 수수께끼(language puzzles)의 하나"라고 한다. 상당히 오래 전부터 널리 쓰인 bee의 의미는 '도움이 필요한 이웃을 돕기 위한 활동'을 말한다. 예를 들어, sewing bee(바느질 모임), quilting bee(누비이불 만드는 모임)와 같이, 공동체에서 사람들이 모여서 하나의 활동을 하는 것이다. 이런 오래된 의미와 달리, bee는 보통 '벌'을 의미하는데, 학생들이 모여서 영어를 공부한다는 의미에서 유래된 것이라는 추측도 있다.

할 수 있다고 생각한다. 이 책이 엄마와 아이가 어휘의 세계로 나아가는 데 필요한 하나의 길잡이가 되길 기대한다.

딸과 함께 스펠링비를 시작하다

2010년 12월 새벽 6시에 수인이를 차 뒷좌석에 태우고 부산에서 출발했다. 스펠링비 지역 예선에 참가하기 위해서 떠난 길이었다. 차로 3시간을 운전해 도착한 광주는 나도 수인이도 처음 가보는 도시였다. 낯선 도시와 낯선 환경에서 수인이는 무대에 서서 자기 차례를 기다렸다. 수인이는 어려서부터 수줍음이 많고 낯선 것을 두려워하는 성격이었다. 나는 혹시 수인이가 떨고 있지는 않을지 걱정스러웠다. 수인이에게 엄마가 무대에 있다는 것을 알려 주기 위해 손을 열심히 흔들었지만 수인이는 나를 보지 못했다.

수인이는 뒷번호여서 다른 참가자들이 먼저 무대에 섰다. 스펠링비 대회에서는 출제자(pronouncer)가 출제 단어를 발음하면 참가자가 먼저 출제 단어를 발음하고 철자를 한 자 한 자 또박또박 발음하고 나서 다시 한번 출제 단어를 발음하는 것으로 마무리한다. 예를 들어, rhinoceros(코뿔소)가 출제 단어라고 해보자. 출제자가 [라이노소러스]라고 발음하면, 참가자는 [라이노소러스]라고 발음하고 나서 r-h-i-n-o-c-e-r-o-s라고 철자를 한 자 한 자 발음해야 한다. 이때 한번 철자를 말하면 그 철자 순서를 바꿀 수 없다. 참가자는 철자를 발음하고 나서 다시 한번 [라이노소러스]라고 발음하며 끝맺는다. 참가자가 30명이라고 하면, 1번부터 30번까지의 참가자가 각자 무대 위의 마이크 앞에서 서서 자신에게 출제된 단어를 맞추는 것이다. 단어를 틀리면 탈락하고, 단어를 맞추면 다음 라운드로 출진하는 방식이다.

얼마 후에 수인이의 차례가 되었다. 수인이가 마이크 앞에 서는 순간, 나는 "수인아, 화이팅!"이라고 외쳤다. 그 외침에 수인이가 나를 쳐다보았다. 그 순간 수인이 얼굴이 살짝 상기되는 것 같았다. 내 말이 끝나는 동시에 출제자는 단어를 발음했고 뜻을 불러줬다. 출제 단어는 'fair(공정한, 공평한)'였다.

"f-a-r……" 철자를 말하는 수인이의 얼굴에는 당황한 기색이 역력했다. 엄마를 보고 반갑고 안심이 되는 마음에서, 'i'를 말해야 할 순간에 뒷 철자인 'r'부터 말한 것 같았다. 수인이는 그 다음에는 포기한 듯이 'e'를 말하고 'fare(요금)'로 마무리했다.

만 일곱 살짜리 아이를 5시 30분에 깨워서 부산에서 6시에 출발해 도로를 3시간 달려서 참가한 무대였다. 수인이가 바로 그 무대에서 첫 한 단어만 말하고 돌아오는데 얼마나 가슴이 먹먹했는지 모른다. 집으로 돌아오는 길에 섬진강 휴게소에 차를 주차하고는 수인이에게 상황 설명을 들었다. 내 추측과 비슷했다.

"엄마 목소리를 듣는 순간 머릿속이 하얘졌어요. 뜻을 듣고 fair가 맞다는 걸 알았는데, r을 먼저 말해서 어쨌든 발음이 같은 fare로 마무리할 수밖에 없었어요."

"손 흔들어 널 불러서 미안해. 나는 네가 떨릴까 봐, 엄마를 보면 안심이 될 거라고 생각해서 그랬어."

나는 아이에게 너무 미안해서 운전대에 얼굴을 파묻고 한참 울었다. 이제까지 살아오면서 소리 내어 운 적이 몇 번 있는데, 그날이 그런 날이었다. 그 후로 며칠을 자책하며 보냈다. 수인이는 그 사건을 금방 극복했지만, 어른인 내가 오히려 오랫동안 마음에 담아 뒀다. 자식의 앞길을 막은 것 같아서 상처가 더 컸던 것 같다.

그 사건을 겪은 이후로, 나는 시험이나 대회, 발표회 및 연주회 전에 아이들의 마음을 절대 들뜨게 하지 않는다. 연습할 때는 아무리 악기를 천천히 연주해도 무대에서는 빠르게 연주하고, 연습할 때는 천천히 말해도 실전 스피치 대회에서는 빠르게 말한다. 아이들을 키우면서 경험하며 알게 된 사실이다. 긴장을 하면 평상시보다 행동이 빨라지는 것이다. 나는 항상 아이들에게 심호흡을 크게 하라고 조언한다. 들뜨지 않고 긴장을 풀 수 있게 심호흡을 시킨다. 그리고 나는 아이들에게 조그만 소리로 이야기한다. 큰 소리는 아이들의 집중력을 떨어트리고 방해가 될 수 있다. 아직도 섬진강 휴게소만 떠올리면 가슴이 아프다. 다른 사람들에게 나와 같은 실수는 하지 말라고 꼭 말해 주고 싶다. 손을 흔들어 아이를 부른다고 아이가 무대에서 잘하는 것은 아니라는 것을 말이다.

그 다음해 스펠링비 대회를 준비할 때 수인이는 이전 실수를 만회하려는 듯이 영어 단어를 열심히 외웠다. 수인이는 다시 학년 대표가 되었고 우리는 광주를 다시 찾았다. 나는 수인이에게 미리 이야기하고 대회가 열리는 홀에 들어가지 않았다. 대회장 밖에 서서 1시간 동안 기도했다. 대회가 끝날 시간이 된 것 같은데도 소식이 없어서 홀의 문이 열릴 때 살짝 들여다보니, 수인이가 무대 위의 의자에 앉아 있었다. 10라운드가 지나도 진출자가 최종 1인으로 좁혀지지 않자, 중간 휴식 시간이 주어졌다. 그때 어떤 학부모가 수인이가 다른 한 명과 라운드를 계속 이어가고 있어서 내게 아이가 너무 기특하다면서 칭찬을 해줬다. 휴식 시간이 끝나고 다시 라운드가 이어졌고, 나는 밖에서 서성이며 두 손을 모아 기도했다.

얼마 지나서 경쟁자와 각축전을 벌인 끝에 수인이가 챔피언 금메달을 목에 걸고 걸어 나왔다. 두 볼이 빨갛게 상기된 수인이를 안으며 수고했다는 말과 함께 토닥거렸다. 그때 우리 둘이 얼마나 기뻤는지 모른다. 지난해 첫 단어에 실패해 무대에서 그대로 내려올 수밖에 없던 터라 기쁨이 더 컸다.

세 달 뒤인 2012년 12월 학교 대표로 스펠링비 한국 대표 선발전이 열리는 건국대학교 새천년 홀에 갔다. 대회 전날 서울행 기차에서 나와 수인이는 좋은 경험을 하러 간다는 생각에서 즐거웠다. 그런데 대회 당일 새천년 홀을 방문해 신분을 확인하고 수험표를 받은 수인이는 주위를 둘러보며 당황해 했다. 주변의 언니들과 오빠들이 종이를 들고 단어를 외우는 모습을 본 것이었다. 다들 프린트된 종이를 들고 외우고 있었다. 어떤 아이들은 형광펜을 아주 많이 칠해서 종이가 닳은 프린트물을 갖고 있어서 궁금한 마음에 물어 봤다. 아이들 말로는 NSB(한국 내셔널 스펠링비) 홈페이지(http://www.koreansb.com)에 들어가면 Spell It이라는 참조용 단어 리스트가 있는데, 예선전 1라운드에서는 그 리스트에서 단어가 일부 출제된다는 것이었다(현재는 더 이상 단어 리스트를 제공하지 않는다. 학교의 교과 과정이나 http://www.spellingbee.com에서 제공하는 단어를 출제 단어로 사용한다).

나와 수인이는 학년 대표가 되었다는 기쁨에 벅차서, 지역 예선을 통과해 서울 본선 대회에 출전한다는 생각에 들떠서 두 달 동안 아무 준비도 안 하고 있었던 것이다. 한국 내셔널 스펠링비 대회는 Written Test(필기 시험)와 Oral Test(구두 시험 1라운드)의 점수를 합산해서 상위 40명이 Oral Test(구두 시험 2라운드)에 진출하는 방식으로 진행된다. Written Test는 30문항으로, 철자 받아쓰기(주관식, 15문항)와 어휘 지식 평가(선택형, 15문항)로 구성된다. 수인이는 제시된 단어 자체를 알지 못해서 Oral Test 1라운드는 통과했지만, 필기 시험에서 떨어져서 2라운드 본선에는 출전하지 못했다.

수인이는 말 그대로 최연소 출전이라는 타이틀만 남긴 채 무대에서 내려 왔다. 우리 둘이서 기차에서 좋은 경험을 하고 오자고 했던 말이 현실화되어, 그야말로 좋은 경험만 하고 돌아온 셈이었다. 첫 스펠링비 대회에서 첫 단어도 맞추지 못하고 내려 왔을 때는 무대 경험이 부족해서 벌어진 일이었다면, 서울 대회에서는 제대로 준비하지 못해서 벌어진 일이었다. 어떤 일이나 다 마찬가지겠지만, 당장의 성과가 좋다고 기뻐하지 말고 다음 단계를 위해서 꼼꼼히 확인하는 게 필요하다는 것을 새삼 깨달았다.

처음 지역 예선에 참가했을 때도, 그 다음해 한국 내셔널 스펠링비 대회에 참가했을 때도, 우리는 맨땅에 헤딩하듯이 시작했다. 학교에서 처음 시도한 대회에 나가서 학년 대표가 된 것을 계기로,

스펠링비에 대해서 하나하나씩 알아간 것이다. 나도 수인이도 어이없는 실수들을 경험하고 그 실수들을 딛고 같은 실수를 반복하지 않으려고 노력하고 준비하며 앞으로 나아갔다. 사람들은 결과에 주목하지 그 과정이 어떠했는지는 잘 모르기도 하거니와 알려고 하지 않는다. 하지만 수인이가 처음부터 스펠링비 한국 대표가 된 것은 아니었다. 한 번에 한여름에 그늘을 드리우는 큰 나무로 자랄 수는 없다. 묘목을 심고 물을 주고 가꾸고 보살펴야 큰 나무로 자란다.

아이를 도와주면서 스펠링비에 중독되다

전혀 준비되지 않은 채로 서울 본선 대회에 참가한 후로, 나는 본격적으로 스펠링비의 세계에 뛰어들었다. 내가 대회에 직접 참가하는 것은 아니지만, 스펠링비에 관심 있는 아이를 어떻게 도와줘야 할까, 라는 고민이 시작되었다. 거리를 지나가다가도 영어가 적힌 간판에 보이면 주목하게 되었고, 시선을 두기 시작하니 전에는 안 보이던 철자들이 보이기 시작했다. 새로운 분야에 관심을 가지게 되니 재미도 있었다. 무언가 하나를 알게 되면 아이에게 알려 줬고, 아이와 함께 철자를 살펴보다 보니 내 나름대로 규칙을 파악하게 되었다. 예를 들어, [션] 발음으로 끝나는 단어의 끝에는 -tion이 오고, [젼]으로 끝나는 단어의 끝에는 -sion이 온다. 철자 q 다음에 거의 대부분 u가 오는 규칙은 수인이가 내게 알려 줬다.

철자 규칙 외에 그 다음으로 중점을 둔 것은 전반적인 어휘 이해도를 높이는 일이었다. 특히 수인이는 만 일곱 살에 스펠링비를 시작해서, 단어 자체의 뜻을 이해하지 못하는 경우가 많았다. 초등학교 저학년이다 보니 한국어 어휘 자체를 많이 알지 못했기 때문이다. 그때는 정치·경제 용어 등 특정 단어들을 한국어로도 이해하기 힘든 나이였다.

어휘 이해도를 높이기 위해서, 토요일마다 집 근처 도서관에 가서 영어 잡지들을 보기 시작했다. 〈타임(Time Magazine)〉과 〈내셔널 지오그래픽(National Geographic Magazine)〉을 같이 보면서, 수인이는 모르는 단어를 노트에 적었고 나는 옆에서 그 뜻을 이해하기 쉽게 설명했다.

수인이가 처음 물어본 단어는 지금도 기억난다. 어른들은 쉽게 이해했을 단어였는데, 수인이 입장에서는 낯선 단어였다.

"엄마, macroeconomy(거시 경제)가 무슨 뜻이에요?"

"macro는 크기를 나타내기 위해서 단어 앞에 붙이는 말인데, '크다'는 뜻이야. 이와는 반대로, '작다'는 뜻을 나타내려면 micro를 붙이면 돼. microeconomy(미시 경제)는 macroeconomy와 반대되는 개념이야."

republic(공화국)과 democracy(민주주의) 역시 수인이가 처음에 개념을 파악하지 못했던 단어였다. monarch(군주) 역시 몰랐다. 사실 일반 학교에 다니면서 영어 공부를 하는 아이들은 진작 알고 있는 단어일 것 같은데, 국제 학교에 다니는 수인이는 모르는 단어였다.

여기서 살짝 많은 사람들이 오해하고 있는 부분을 짚고 넘어가고 싶다. 수인이가 국제 학교에 다니기 때문에 스펠링비 대회에서 유리하다고 생각하기 쉬운데, 스펠링비 대회에 출전해 챔피언(1등)이 된 아이들 중에서 국제 학교에 다니는 아이는 수인이밖에 없었다. 대회 시스템 자체가 일반 학교에 다니는 아이들에게 더 유리하다. 국제 학교에서는 미국식이나 영국식 커리큘럼에 맞춰 수업이 영어로 진행되므로 국제 학교 아이들이 말 자체는 좀더 수월하게 할지 모른다. 하지만 일반 학교에 다니는 아이들이 문법이나 철자 등의 부문에서 실력이 더 뛰어나다. 그리고 국제 학교에는 영어권에서 살다 온 학생들만 있는 것이 아니다. 요즘에는 일본이나 중국에서 온 아이들도 많고, 부산 국제 학교의 경우 러시아에서 온 아이들도 많아서 수인이는 학교에서 러시아어를 배워 오기도 했다. 그런 점에서 보면, 스펠링비 공부를 비롯해 어휘 실력을 향상시키는 데는 어떤 학교에 다니느냐가 중요한 것이 아니라, 어떻게 체계적으로 공부하느냐가 더 중요하다.

잡지 외에도 책도 많이 읽었는데, 주로 사실적인 단어가 많이 나오는 책이 어휘 실력을 늘리는 데 좋다. 논픽션 책이나 자전적인 소설처럼 사실에 근거한 소설이 좋다. 동물을 좋아하는 아이들에게는 National Geographic Kids 출판사에서 출간된 동물을 주제로 한 책들을 추천한다. 또한 동물에 대한 사실을 일러스트로 재미있게 설명한 필드 가이드 시리즈도 좋다. 스포츠나 야외 활동을 좋아하는 아이들에게는 National Geographic Kids 출판사에서 출간된 <Weird But True SPORTS>, <National Geographic Kids Get Outside Guide> 같은 책을 추천한다.

처음부터 영어 책을 사서 아이에게 권하는 것이 부담스럽다면 도서관을 이용하는 방법이 있다. 도서관에 영어 원서도 희망도서로 신청할 수 있다(너무 비싼 원서는 제외되는 것으로 알고 있다). 도서관 사서에게 아이가 읽을 만한 논픽션 책을 추천해 달라고 부탁하는 것도 좋은 방법이다.

논픽션 책을 읽는 것은 특히 어휘 공부뿐만 아니라 전반적인 독해 능력 향상에도 큰 도움이 된다. 논픽션 책은 모두 학습자에게 대학교 및 커리어를 준비하는 데 큰 도움이 된다. 아이들이 고등학교 이후의 교육을 받기 위해서는, 다시 말해 대학교나 대학원에 진학하거나 직장인으로서 일을 시작할 때 일정 정도 논픽션 유형의 글을 읽어낼 독해 능력이 필요하다. 대학교 교재나 구인 광고, 보고서 및 업무 협의서 등을 읽기 위해서 필요한 것은 일반 독해 능력이기 때문에, 여러 나라의 교육자, 연구자, 정책가 들은 아이들의 논픽션 읽기 양을 늘리려고 노력해 왔다. 그런 이유에서 논픽션 책을 읽는 것은 아이들이 잘 모르는 사실과 정보를 배우는 기회가 된다.

"스스로에게 도전하지 않는다면, 자신이 어떤 사람이 될 수 있는지 절대 깨닫지 못할 것이다(If you don't challenge yourself, you will never realize what you can become.)"라는 말이 있다. 어휘 실력을 높이기 위해서 잡지와 책을 보면서 새로운 지식의 세계에 들어갔다면, 대회에 참가하는 횟수가 거듭될수록 평정을 유지하는 힘이 길러졌다. 수인이는 다음 라운드에 진출하지 못해서 무대에서 내려올 때마다 울었다. 아직 어린아이이니까 승패에 초연할 수 없는 게 당연했다. 우는 아이를 다독이면서, 잘했다고 칭찬하고 용기를 북돋아주는 것은 엄마인 나였다. 좀더 잘하면 좋았을 것 같다는 아쉬움이 없지는 않았지만, 아이에게 실패를 실패로 받아들이고 앞으로 나아갈 길을 제시하는 것도 엄마인 나였다. 수인이가 대회에 참가하기 위해 공부하며 어휘 실력과 실전 경험을 쌓았다면, 나는 아이 교육 및 정신 수양의 경험을 쌓은 셈이었다. 스펠링비 대회를 준비하는 8년은 기쁨과 슬픔이 교차하면서 나와 수인이에게 나무의 나이테 같이 삶에 발자취를 남기는 경험을 선사했다.

그중에서도 잊지 못할 순간은 수인이가 국내 스펠링비 대회에서 챔피언이 되었던 때였다. 그때 기자들이 수인이를 어떻게 키웠는지 취재하기 위해 나를 인터뷰했다.

"인터뷰 전에 한 가지 묻겠습니다. 챔피언이 된 정수인 양의 어머니, 우선 성함을 말씀해 주시겠습니까?"

그 순간 첫 스펠링비 무대에서 머릿속이 하얘졌다던 수인이처럼, 내 머릿속이 하얘졌다. 내 이름 석자가 갑자기 생각나지 않았다. 기자와 인터뷰를 하다니……. 수인이와 함께한 8년은 이처럼 난생 처음 하는 신기한 경험의 연속이었다.

02 무대에 서다

아이 스스로 공부한다

보통 엄마들은 아이들에게 '숙제 하라', '단어 외워라' 등의 잔소리를 많이 한다. 아이들이 공부를 스스로 하지 않기 때문에 어쩔 수 없이 잔소리를 하는 것이다. 잔소리를 했다가 듣지 않으면 여러 방법으로 아이들을 어르고 달래기도 한다. 그런데 아이들 본인이 공부해야 하는 이유를 직접 깨닫게 되면 행동이 달라진다. 스펠링비 공부도 그런 교훈을 얻는 계기가 될 수 있다.

스펠링비 대회에서 참가자는 무대에 혼자 서서 2분 동안 자신에게 주어진 문제의 철자를 맞춰야 한다. 누구의 도움도 없이 오롯이 혼자 문제를 해결해야 하는 상황에 처한다. 초등학생이라면 이런 경험을 처음 해볼 것이다. 그 전까지는 자신의 옆에는 부모나 선생님 등 자신을 도와줄 어른이 옆에 있었기 때문에 스스로 무언가를 해결해야 하는 상황이 참으로 낯설 것이다. 이 첫 무대를 경험하고 나면, 참가자들은 그 누구도 자신을 도와줄 수 없으며 스스로 공부하는 길만이 유일한 방법임을 깨닫게 된다. 다시 말해서 스스로 공부해야 하는 이유를 몸소 느끼게 되는 것이다. 일단 그런 경험을 하고 나면 부모가 공부하라는 잔소리를 하지 않아도 자신에게 맞는 공부 방법을 찾아 자신만의 정리법이나 암기법을 만들어 공부하게 된다. 스펠링비 공부가 다른 공부와 다른 점이 여기에 있다. 옛말에 목 마른 사람이 우물 판다고 했다. 공부한 지식을 테스트하는 여타 시험은 수동적인 경향이 강하다고 한다면, 이와 달리 스펠링비 대회는 자신에게 주어진 상황을 헤쳐가는 방법을 찾게끔 아이들에게 동기를 부여한다. 부모도 선생님도 무대에서는 자신 옆에 자리할 수 없기 때문이다. 스펠링비 무대에 선 아이들은 누구에게도 의존하지 않고 스스로 문제를 해결하는 능력을 키우게 된다.

수인이도 처음부터 자신만의 방법으로 노트를 정리하지는 않았다. 처음 스펠링비를 시작한 때만 해도 그 필요성을 느끼지 못했던 것 같다. 그런데 한국 스펠링비 결선 대회에서 2등을 하고 나서 수인이는 챔피언을 향한 의지를 불태우기 시작했다. 2014년 2월에 열렸던 한국 내셔널 스펠링비 결선 대회는 여러 면에서 아쉬움이 남는 대회였다. 수인이는 마지막 2명이 남는 챔피언 결정전에서 중학교 1학년 학생과 17라운드까지 가는 각축전을 벌였다. 1시간 넘게 수인이와 중학교 1학년생이 번갈아 단어를 맞추는 경합이 벌어졌다.

스펠링비에 대해서 사람들이 잘 모르는 사실이 하나 있다. 마지막 경합에서 한 참가자가 출제 단어를 맞추지 못한다고 다른 참가자가 저절로 챔피언이 되지는 않는다는 것이다. 스펠링비 대회에서는 자신에게 주어지는 챔피언 단어를 맞춰야만 챔피언이 된다. 각축전이 벌어진 이유도 바로 거기에 있었다. 수인이가 출제 단어를 맞추지 못했고 중학교 1학년생이 챔피언 단어를 맞춰야 하는 상황인데, 중학교 1학년생이 그 단어를 맞추지 못해서 수인이에게 다시 차례가 돌아왔고 수인이가 출제 단어를 맞추는 식으로 경합이 계속되었다. 하지만 시간이 흐르면 흐를수록 나이가 어리고 중학생보다 상대적으로 체력이 약한 수인이는 지친 기색이 역력했다. 상대방에 비해 대회 경험도 부족해서 아이가 정신적인 면에서 무너지는 듯한 느낌도 들었다. 체력 부족과 정신력의 약세, 경험 부족이 여실히 드러난 대회였다. 그리고 이 대회 때만 해도 1등만 미국 내셔널 스펠링비 대회에 참가할 수 있었고 2등은 참가가 아니라 참관만 할 수 있었다(다음해부터는 2등까지 미국 대회에 참가할 수 있게 규정이 변경되었다).

2등 수상으로 미국 대회를 참관한 수인이는 챔피언이 되고 싶다는 꿈을 꾸기 시작했다. 챔피언에 대한 갈망이 간절했던 만큼 알아서 공부하기 시작했다. 누구도 자신을 도와줄 수 없다는 사실을 상기하면서 스스로를 채찍질했다. 이 방법 저 방법을 시도해 보고 자신에게 맞는 방법을 찾기 시작했다. 목표의식이 확실해지면서 수인이는 단어 정리 노트를 만들었다. 그 무렵부터는 '이렇게 해보면 어때? 저렇게 해보면 어떨까?"라는 나의 조언도 점차 줄어들었다.

스펠링비를 공부하면서 수인이가 얻은 것은 어휘 실력 향상뿐만이 아니다. 대회 참가 경험을 통해서 얻은 것 중에 가장 큰 장점은 다름 아니라 공부 의지라고 생각한다. 그 전까지는 막연히 공부해야지, 라는 생각에서 스펠링비를 준비했다면, 수인이에게 스스로 공부하고자 하는 의지가 생긴 것이다. 공부는 스스로 하는 것이라는 깨달음도 뒤따랐다. 그때부터 수인이는 단지 스펠링비 대회를 준비하기 위해 단어를 암기하는 것을 넘어서 학교 과제나 시험 공부를 할 때뿐만 아니라 일상생활에서도 열의를 가지고 자발적으로 행동하게 되었다.

수인이가 주체적으로 행동하기 시작하면서 엄마인 내가 하는 말도 달라졌다. 나는 '이거 해라, 저거 해라'라는 식으로 시키는 사람이 아니라 '공부 언제쯤 마치고 잘 거야?' '얼른 자'라고 다독이는 사람이 되었다. 내가 조언하는 것이라고는 고학년이 될수록 공부하는 과목이 많아져서 어떤 비율로 시간을 할애해 공부할 것인지 정도였다. 아이가 달라지니 나의 말과 행동도 달라졌고, 그 결과 아이와의 관계도 더 좋아졌다.

롤 모델을 찾다

미국 내셔널 스펠링비 대회에 참가하면, 첫날 참가자들은 친목 도모를 위한 야외 바비큐 파티에 참가한다. 참가자들뿐만 아니라

스펠링비 대회 참가자들이 바비큐 파티에 게임을 함께 하며 즐거운 시간을 보내고 있다.

참가자들의 부모와 동생 등 가족들도 같이 파티를 즐기며 각지에서 모여든 사람들과 함께 즐거운 시간을 보낸다. 미국 대회에 (참관

뿐만 아니라) 직접 참가하면서, 시험이나 대회가 경쟁의 장뿐만 아니라 함께 즐길 수 있고 사람들을 알아가는 사회성을 기르는 축제의 장이 될 수 있다는 것을 경험했다.

화요일과 수요일에는 최종 결승전에 진출하는 참가자들을 가리고, 목요일에는 챔피언 결정전이 열린다. 이어 금요일 저녁에는 참가자 전원이 참석하는 저녁 만찬이 열린다. 이 만찬에는 이전 년도의 결승전 진출자들 중에서 대학에 진학한 사람들이 나와서 연설을 한다. 대체로 5분에서 10분 정도 연설을 하는데, 스펠링비 대회라는 큰 무대를 경험했던 학생들답게 자연스럽고 편안하게 자신의 경험을 만찬장에 모인 후배들에게 이야기해 준다.

스펠링비 대회에 나가기 위해서는 영어 단어와 철자를 공부해야 하기 때문에 참가자들의 학업 성취도가 상당히 높은 편이다. 연설자로 나온 대학생들은 뉴욕 대학교, 콜롬비아 대학교, 펜실베니아 대학교 등 명문 대학을 다니고 있었다. 물론 스펠링비 대회 출전 경험은 좋은 고등학교와 대학교에 진학하는 데 좋은 스펙이 된다(미국 내셔널 스펠링비 대회에는 만 16세 이전까지 출전이 가능하다). 스펙을 쌓고자 하는 이유에서 스펠링비 대회에 참가하는 학생들도 많겠지만, 내 경험상 스펙뿐만 아니라 참가자들이 뿜어내는 열정과 의지를 공유하는 것도 아이들의 성장 과정에 큰 영향을 미치는 것 같다. 더구나, 대회를 막 치른 참가자들에게 기출전자들이 전하는 메시지는 만만치 않은 반향을 준다. 책으로 보는 위인들이나 멀리서 바라보는 유명인들과는 달리, 불과 몇 년 전에 자신과 같은 무대를 경험한 사람들이 전하는 메시지는 확연히 다르다. 이들은 스펠링비 대회에 출전했던 경험과, 자신이 스펠링비를 경험하며 어떻게 달라졌는지 변화된 모습 등을 이야기하며, 앞으로의 진학에 대한 전망 등을 짚어 줌으로써 참가자들의 롤 모델이 된다. 그들을 보고 배우면서 자신의 나아갈 길을 가늠해 볼 수 있다는 점에서 스펠링비 대회가 특히 돋보인다.

도전 정신을 키운다

아마존 CEO 제프 베이조스가 직원을 고용할 때 스펠링비 참가자를 우선적으로 채용한다는 뉴스를 보았다. 그는 1998년 주주서한에서 3가지 고용 원칙을 간단히 소개한 적이 있다. 그는 사람을 고용할 때 이 사람을 존경할 수 있는지, 즉 함께 일할 수 있는 사람인지 파악하는 것과, 이 사람이 소속될 그룹의 평균 효율성을 증가시킬 수 있는 사람인지, 그리고 마지막으로 지원자의 개인적 재능을 고려한다고 했다. “많은 사람들에게 우리 모두를 위한 근무 환경을 풍부하게 해줄 독특한 기술과 관심사, 관점이 있습니다. 종종 그것들은 그들의 직업과는 관련이 없는 것일 때도 있습니다.” 그 서한에는 제프 베이조스는 내셔널 스펠링비 챔피언을 고용했을 때 자신이 얼마나 흥분했는지 언급하면서, 일터에 독특한 관점을 조성하는 것이 중요하다고 강조했다. “스펠링비 챔피언이었다는 사실이 일상 업무에서 도움이 될 것이라고 생각하지는 않지만, 그 직원은 재빠른 도전이 요구되는 상황에서 이곳을 훨씬 더 재미있는 곳으로 만들 것입니다."

그는 스펠링비 대회에 참가했던 사람들이 자신의 역량을 최대치로 끌어올려서 한계를 돌파하는 노력을 꾸준히 했던 사람들임을 파악하고 있었던 것 같다. 자신에게 주어진 단어의 철자를 맞추기 위해 무대 위에서의 짧은 순간 동안 자신의 역량을 최대치로 끌어올리는 연습을 하는 것이 스펠링비의 장점이다.

아마존 CEO 제프 베이조스가 1998년에 밝힌 인사채용 원칙은 20년이 지난 지금도 여전히 직원 채용의 근간이 되고 있다. 이 사실에서 미뤄 볼 때 스펠링비에 참가했던 학생들이 학교뿐만 아니라 졸업 후 사회에 나와서도 자신의 분야에서 역량을 발휘하고 있다는 증거라고 생각한다. 스펠링비 공부가 학습에 도움이 될 뿐만 아니라 학생들이 자라서 사회 생활을 할 때도 예기치 못한 다양한 상황에서 자신의 능력을 발휘할 수 있는 힘을 길러 준다고 할 수 있다.

자연스럽게 순발력과 집중력을 기른다

요즘에는 외국인들과 영어로 대화를 쉽게 주고받고 영어 동화책부터 어려운 내용의 원서까지 막힘 없이 술술 읽는 아이들이 많다. 외국에 여행 가서 영어로 자유자재로 소통하고 토플(TOEFL) 시험에서 높은 점수를 올리는 아이들도 상당히 많다. 하지만 눈에 드러나는 모습 외에 스스로 행동하는 아이들은 얼마나 될까? 일일이 모든 것을 아이들 대신 선택하며 자식 주위를 헬리콥터처럼 돌며 과잉

보호하는 헬리콥터 부모들이 많은 시대에서, 아이들은 얼마나 자율적으로 행동할 수 있을까? 옆에서 다른 사람들이 시끄럽게 떠들어도 책을 읽고 내일 시험을 묵묵히 준비하는 아이들이 얼마나 많을까?

이제 단순히 영어를 잘하는 아이나 영어 성적이 좋은 아이를 대단하다고 여기는 시대는 지나갔다. 실생활에서 영어를 쓰고 영어 인터뷰를 할 때도 면접관들은 지원자의 소통 능력뿐만 아니라 대처 능력까지 점검한다. 하루가 다르게 새로운 정보와 제품이 쏟아지는 세상이기 때문이다. 실제로 미국의 아이비리그 대학에서 입학 인터뷰를 할 때 면접관들이 지원자에게 예상치 못한 질문을 하고 지원자가 어떻게 대처하는지 그 능력을 파악해 입학 여부를 결정한다고 한다.

하버드 대학교를 예를 들어 보자. 2018년 업무차 보스턴을 방문했을 때 수인이의 부탁을 받고 수인이가 온라인으로 미리 신청해 놓은 하버드 대학교 가이드 투어에 참가했다. 가이드 투어에서는 하버드 대학교 1,2학년 학생들이 2시간 동안 캠퍼스와 기숙사, 강의 홀 등을 소개한다. 여기저기 건물을 안내하면서, 학생들은 자기 소개에 이어서 하버드 대학교에 진학하게 된 계기와 전공 공부, 기숙사 생활 등을 이야기했다. 재학생들이 실제로 강의를 듣고 생활하는 건물을 함께 거닐며 들려 주는 이야기여서 생생한 현장감을 느낄 수 있었다. 캠퍼스 소개가 끝나면 투어를 신청한 사람들에게 노교수가 간단하게 투어를 정리하고 나서 10분간 질문을 받고 답하는 질의응답 시간이 있었다. 가이드 투어에는 주로 부모들이 자녀를 데리고 온 경우가 많아서 그 질의응답 시간에는 마치 입학설명회처럼 하버드 대학교 입학 기준, 학생 선정 기준 등을 묻는 질문들이 많았다(하버드 대학교 투어는 https://www.harvard.edu/on-campus/visit-harvard/tours에서 신청하면 된다).

그 질의응답에서 나비 넥타이를 맨 노교수는 힘 있는 목소리로 대화를 주도하면서 곤란한 질문에는 위트로 상황을 정리하는 재치가 넘치는 사람이었다. 백발의 노교수는 순발력과 몰입력이 입학 선발 기준 중 하나라고 힘주어 말했다. 그 두 요소가 글로벌 리더의 필수요건 중 하나이기 때문이라고 이유도 덧붙였다.

그렇다면, 글로벌 리더들을 가르쳐 성장시키는 곳으로 이름난 하버드 대학교에서 입학 요건으로 꼽을 정도로 중요하게 여기는 순발력과 몰입력은 어떻게 길러야 할까?

스펠링비 대회는 각 참가자가 무대 위에서 자신에게 주어진 2분 동안 출제 단어의 정의를 듣고 그 단어의 철자를 맞추는 방식으로 진행된다. 철자(spell)를 맞추기 때문에 참가자들을 스펠러(speller)라고도 한다. 참가자에게 주어진 2분이 흐르는 동안 무대 앞의 표시등이 초록색에서 노란색으로, 그리고 빨간색으로 변한다. 참가자는 출제자의 발음을 듣고 신속하게 올바른 판단을 내려야 한다. 이때 순간적으로 몰입할 수 있는 능력이 다음 라운드 진출 여부를 결정짓는다. 참가자는 단어를 유추하면서 자신이 할 수 있는 질문들 중에서 어떤 질문을 물을지 먼저 결정해야 한다. 철자를 이리저리 조합도 해보고 최종적으로 확신이 들면 철자를 말한다.

참가자가 서 있는 무대는 절대 고요하지 않다. 무대 앞에 앉아 있는 수많은 사람들의 시선이 참가자를 향해 있고, 때로는 사람들이 웅성거려서 시끄럽기도 하다. 간혹 아이들이 우는 소리도 들린다. 긴장과 어수선함이 교차하는 상황에서 참가자는 다른 곳에 정신을 뺏기지 않고 오로지 단어에만 집중해야 한다. 자신에게 주어진 2분을 최대한 활용해서 스스로 판단하고 상황을 해결해야 하는 것이다. 무엇보다 중요한 것은 참가자가 직접 경험하며 해결 방법을 터득해야 한다는 것이다. 그런 점에서, 영어를 공부하는 학생들에게 필기 시험만 치르는 다른 시험들보다 스펠링비 대회를 한번 경험해 보라고 권하고 싶다. 단순히 어휘를 암기하는 것으로만 끝나는 대회가 전혀 아니다. 사람들의 시선을 받으며 무대에 서서 모르는 단어를 듣고 그 철자를 유추하는 과정에는 두뇌 회전을 비롯해 호흡과 몸의 자세, 손 동작 등 신체의 움직임까지 다 동원된다. 따라서 스펠링비 무대에 서게 되면 자신이 어떤 사람인지 그대로 드러나게 된다. 무대 위에서는 도전에 성공하든 실패하든 자신의 모습을 직시할 수밖에 없다.

한번 스펠링비 무대를 경험하게 되면 낯선 상황에 대한 두려움을 없앨 수 있다. 아이들이 성장하면서 해결해야 하는 과제 중 하나는 자신의 세계를 확장하는 것인데, 아이들은 스펠링비 무대를 통해서 집과 학교 외에 다른 무대를 경험할 수 있다. 그뿐만 아니라 아이들은 짧은 시간 동안 자신의 기지를 발휘해 재빠르고 정확한 판단을 내리는 법을 익히게 된다. 더 정확하게는 판단력을 키울 필요성을 깨닫게 된다. 또한 순간적으로 몰입해서 자신의 실력을 최대한 발휘할 수 있는 힘도 길러진다. 스펠링비를 연습하는 과정과 실전 대회 경험을 통해서 시간을 배분해 조절하는 능력도 향상된다. 내가 스펠링비를 예찬하는 이유들이 바로 이런 효과들 때문이다. 단지 영어 공부만 한 아이들은 익힐 수 없는 스펠링비만의 장점이 있다.

낯선 곳에서 순발력을 발휘하다

수인이 역시 스펠링비 대회를 통해서 순발력이 상당히 좋아졌다. 수인이가 초등학교 6학년 때 업무차 아이슬란드에 함께 간 적이 있다. 마침 방학이어서 아이들이 모두 동행한 출장이었다. 세일즈 관련 일로 여러 나라에 출장을 가는 경우가 많은데, 여건이 되면 아이들을 데리고 가는 편이다. 엄마와 아빠가 놀러 가는 것이 아니라 일을 하기 위해서 가는 것임을 보여 주기 위한 목적도 있고, 세일즈가 쉬운 일이 아님을 보여 주면서 아이들을 강하게 키우고 싶은 생각도 있다. 바이어와의 첫 미팅에는 아이들을 데려가지 않지만, 미팅을 하고 나서 식사 자리가 있으면 가족 동반이 가능한지 물어서 아이들을 데려가 거래처 사람들에게 소개하고 부모가 어떤 식으로 일하는지 직접 지켜보게 한다.

업무를 마치고 아이슬란드에서 한국으로 돌아오는 날 아침의 일이었다. 비행기 출발 시간은 아침 7시였고, 거리는 눈으로 덮여서 레이캬빅 공항으로 가는 시간이 지체된 상황이었다. 비행기 탑승 시간에 맞추려면, 가족들을 공항 수속 카운터에 내려 주고 내가 렌터카를 반납하고 와야 했다. 여행을 다니면서 항상 내가 수속을 하고 짐도 부치고 여권도 챙기곤 했지만, 시간이 부족해서 어쩔 수 없이 수인이에게 탑승 수속을 맡겼다. 직항으로 한국으로 돌아오는 경우라면 수속이 간단하겠지만, 덴마크를 거쳐서 인천 공항에 도착한 후 부산행 비행기를 타야 해서 총 세 곳의 공항을 경유하는 일정이어서 항공기와 수하물을 각각 확인하는 과정이 필요했다. 렌터카를 반납하고 스칸디나비아 항공 카운터로 뛰어가던 찰나에 그 앞에서 익숙한 모습이 보였다. 한 손에는 가족들의 여권과 수하물표를 들고, 다른 한 손에는 동생의 손을 잡고 있는 수인이의 모습이었다.

탑승 수속을 하지 못하고 짐 가방 앞에 앉아서 엄마가 오기만 기다리고 있으면 어쩌나 싶었는데, 그것은 나의 기우였다. 소심하고 겁이 많아서 남에게 말을 걸 때도 몇 번 생각하고 나서야 말을 하던 수인이가 어느새 훌쩍 자라 있었다. 낯선 곳에서 외국인에게, 그것도 처음 해보는 환승 탑승 수속을 하고 수하물도 부쳤던 것이다. 처음에는 당황스러웠겠지만 수인이는 그동안 엄마가 해온 탑승 수속 모습을 떠올렸을 것이다. 촉박한 시간에 맞춰서 집중해 우리 일정과 경유 공항명을 떠올리고 최종 도착지에서 짐을 찾을 수 있는지 물었을 것이다. 그 절차를 모두 마치고 나서, 여권과 수하물표를 한 손에 들고 다른 한 손으로는 막냇동생 손을 잡았을 것이다. 그동안 연습하고 경험했던 스펠링비의 2분이 어느새 수인이를 낯선 상황에서 처음 하는 일에도 겁내지 않고 기지를 발휘할 수 있는 아이로 키워준 것이다. 그때만큼 수인인의 성장을 실감한 때가 없었다.

몰입의 힘을 키우다

어느 일요일 저녁, 수인이 아빠는 뉴스를 시청하고 있었고 수인이의 두 동생은 자신들이 만든 레고 모형과 기능에 대해 서로 자랑하느라 떠들고 있었다. 그 옆에서 수인이는 책을 읽고 있었다. 나는 궁금해서 물었다. "수인아, 시끄러운데 그 책 내용이 머릿속에 들어 오니?" 수인이는 아무렇지 않다는 듯이 말했다. "네, 괜찮아요. 재미있게 읽고 있어요." 자신이 하는 일에 집중하니 주변 상황에 영향을 받지 않는 것이다.

나는 아이들이 학교에 갔다 오면 우선 씻고 나서 오늘 학교에서 무엇을 배웠는지 복습을 해보라고 한다. 100퍼센트 완벽하게 복습할 것을 요구하는 것은 아니다. 처음에는 아이들에게 복습 노트를 써보게 시켰는데, 아이들이 쓰기 싫어해서 나중에는 방법을 바꿨다. 오늘 학교에서 배운 내용을 엄마에게 이야기해 달라고 한 것이다. 자신이 이해하고 알고 있어야 입으로 나오는 법이다. 나는 설거지를 하거나 청소를 하면서 아이들이 저마다 오늘 이걸 배웠다 저걸 배웠다는 말을 듣는다. 아이들은 입으로 자신이 아는 내용을 내뱉으면서 머릿속으로 그날 배운 것을 정리한다.

수인이도 학교 갔다 와서 동생들과 같이 그날 학교에서 배운 내용을 내게 이야기하곤 했는데, 스펠링비를 공부하면서부터는 좀더 주도적으로 자기 학습을 하기 시작했다. 수인이가 늦게까지 시험 공부를 하고 있어서 안타까운 마음에서 물은 적이 있었다. "시험 치르느라 힘들지?" 수인이의 대답은 내 예상과는 전혀 달랐다. "아니요. 시험이 기대되고 재미있어요." 생각지도 못한 대답에 당황해 하는 나를 보면서 수인이가 이유를 들려 줬다. 수인이는 수업 시간에 선생님 말씀에 집중하고 나중에 혼자서 내용을 다시 정리하는데, 자신이 그동안 배운 내용을 다 알고 있는지 시험을 통해서 확인할 수 있어서 궁금하고 기대된다고 했다. 그 순간 내 머릿속에는 몇 년 전에 한자 급수 시험이 부담스럽고 내용도 어렵다고 하소연하던 수인이 모습이 떠올랐다. 그때와 어찌나 다른 모습인지……. 훌쩍 자란 모습이 대견했다. 이렇게 마음가짐이 변한 것도 스펠링비가 불러온 긍정적인 변화였다.

Am I right?

스펠링비를 접한 지 얼마 안 된 초반 무렵에 수인이는 무대에 서서 질문은커녕 떨려서 철자 맞추는 것에만 급급해 했다. 그러다가 무대에서 긴장감을 극복하고 문제에 집중할 수 있게 되면서 점차 변했다. 출제자에게 문제를 듣고 질문을 하기 시작하더니, 나중에는 자신의 발음이 맞는지 되묻는 경우가 많았다. 편안하고 자신 있게 무대를 장악하기 시작한 것이었다. 철자를 모르는 단어가 여전히 많았지만 짧은 시간에 머릿속에서 철자를 조합해서 정답을 이끌어내는 실력은 처음과 비교할 수 없을 정도로 늘었다.

수인이는 자신이 실수했다고 느꼈던 부분과 내가 지켜보며 나중에 조언한 부분을 보완해서 다음 무대에 적용했다. 자신만의 방법을 적용하는 과정에서 제대로 구현하는 때가 있는가 하면 여전히 부족한 면모를 보이는 때도 있었다. 하지만 뒷걸음치는 것이 아니라 실수를 하더라도 앞으로 나아가며 발전하는 모습을 보였다. 실수를 하면 그 다음 무대에서는 부족한 부분과 아쉬웠던 부분을 보충했다. 이런 과정들이 반복되다 보니, 스펠링비 무대에 설 때마다 실력이 늘었다.

03

모든 공부에는 언어 실력이 기본이 된다

어휘 공부로 문해력을 키우다

수인이는 유아 때부터 수줍음이 많은 아이였다. 맏이여서 엄마의 말을 잘 듣고 선택을 할 때도 되도록이면 엄마의 말에 따르려는 아이였다. 수인이가 초등학교 입학했을 때 내가 매일 아침 수인이에게 해준 말이 있다.

"수인아, 선생님 말씀 잘 듣고 항상 선생님과 눈을 맞춰서 네가 수업 내용을 이해하고 있는지 확인시켜 드려. 혹시 모르는 부분이 있으면 질문 시간에 여쭤 봐. 그럼 학교에서 좋은 하루 보내고 오렴."

내가 해준 말의 영향인지 수인이는 남다른 학습 태도를 보였다. 선생님이 지난 달에 배운 내용을 물었을 때 수인이 혼자만 알고 있었다는 이야기를 전해 들을 정도였다.

수인이가 학교 성적이 좋은 이유에는 본인의 부단한 노력도 있지만, 어휘 공부를 통한 문해력의 향상도 큰 몫을 했다고 생각한다. 수인이 역시 스펠링비 초기에는 단순히 암기해서 단어를 기억하려고 했지만, 나중에는 단어를 사전에서 하나하나 찾아보면서 어원과 조합 원리 등을 파악하려고 노력했다. 문장에서의 쓰임을 파악하는 것은 말할 것도 없었다. 새로운 단어를 보게 되면, 수인이는 그 뜻과 예문을 익혀서 한국어와 영어로 확실히 단어를 익히는 과정을 수없이 반복했다. 당연히 국어 실력과 영어 실력이 좋아질 수밖에 없었다.

언어 능력이 단순히 국어 과목이나 영어 과목에만 연관될까? 그렇지 않다. 언어 능력은 수학을 비롯해서 모든 과목의 시험에 영향을 미친다. 어느 과목에서나 지시문을 읽고 이해할 수 있어야 그 문제를 풀 수 있기 때문이다. 즉, 문해력이 필요하다. 글을 읽고 이해하는 능력인 문해력을 키우기 위해서는 언어 능력을 향상시켜야 한다. 언어 능력에 따라 성적도 달라지기 때문에 학창 시절에는 특히 더 중요하다.

누구나 태어날 때부터 탁월한 지능을 타고 나지는 않는다. 지능이 좋아서 남보다 언어를 빠르게 습득하고 이해한다면 공부 시간도 단축할 수 있을 것이다. 하지만 지능이 뛰어나다고 해서 좋은 성적을 거두는 것은 아니다. 평범한 사람도 관심을 가지고 꾸준히 공부하다 보면 어느 순간 임계점을 넘어서 뛰어난 언어 능력을 가질 수도 있다.

요즘처럼 수많은 정보 중에서 정확한 정보와 자신에게 필요한 정보를 취사선택하는 능력이 필요한 세상에서는 더욱 더 문해력이 필요하다. 학교에서 수업과 시험 등을 통해서 일정한 문해력을 어느 정도 갖춘다 해도 그 수준이 평생 유지되는 것은 아니다. 나이나 직업에 맞게 필요한 정보를 확충하거나 시대 변화에 맞춰 새로운 지식을 받아들이는 일은 학교 공부에서 끝나지 않는다. 아이들이 자라서 자신만의 판단력을 갖추기 위해서는 우선 문해력이 선행되어야 한다. 그런 점에서 어휘 공부를 통해서 어휘 이해도를 높이는 습관을 익혀야 한다.

어휘가 확장되다

수인이는 만 일곱 살에 처음 접한 스펠링비 대회에서 학년 대표가 되어 광주 지역 예선전에 참가했지만, 첫 라운드 탈락이라는 쓰라린 경험을 했다. 해가 바뀌고 다시 11월이 되어 학년 대표 예선전 날짜가 잡히면서, 수인이는 멋모르고 참가했던 지난해보다는 열의를 가지고 단어를 익혔고 다시 학년 대표가 되었다. 12월에 참가한 광주 지역 예선전에서는 지난해의 실수를 만회하고자 끝까지 포기하지 않고 대결한 끝에 학년 챔피언이 되었다.

실수와 실패, 그리고 실수를 딛고 끝까지 해내는 경험을 반복하면서 수인이의 꿈은 커졌고 마음도 단련되었다. 스펠링비를 공부하면 할수록 수인이가 아는 단어의 양도 늘어갔고 이해의 폭도 넓어졌다. 그 덕분에 수인이는 언어의 구조와 원리를 조금씩 파악하기 시작하는 것 같았다.

수인이는 다른 언어들에도 관심을 가지고 기본 이해도를 갖추려고 노력했다. 학교에서 스페인어를 배우고 있었고, 여름 방학 때 독일어 학원에서 2달 동안 독일어를 배웠다. 독일이 유럽의 중심에 있어서 주변국의 언어와 연계되어 있을 것 같다는 생각에서 내가 수인이에게 배우라고 권한 것이었다. 수인이는 스페인어와 독일어를 같이 접하고 배우면서 다른 아이들에 비해 단어를 수월하게 익히는 것 같았다. 독일어 단어를 보고 어느 정도 읽을 수 있도록 단어와 발음 위주로 배웠던 점이 스펠링비 준비에 도움이 되었다.

처음에는 수인이가 스펠링비 대회를 준비하다 보니 단어를 많이 알게 되고, 단어를 많이 알아서 영어 성적만 좋아질 줄 알았다. 얼마 전에 수인이가 시험 삼아 토플 모의고사를 보았는데, 아주 높은 점수를 받았다. 토플 공부를 특별히 하지 않았는데도, 스펠링비 준비만 해도 아는 어휘가 많아서 토플 준비를 한 것 같은 효과가 나타난 것이다. 학교 공부는 물론, 스펠링비 공부를 하다 보니 어느새 토플이나 미국대학입학능력시험(SAT) 공부를 저절로 하고 있었던 셈이다. 특히 독해 문제를 풀 때는 아는 어휘가 많아야 지문을 빠르게 이해하고 문제를 풀 수 있다. 어휘를 공부하면 할수록 기본기가 탄탄하게 다져지는 이유도 거기에 있다.

자신과 경쟁하다

왜 철자 맞추기 대회를 스펠링비(Spelling Bee)라고 할까? Bee의 기원에 대해서는 의견이 분분하지만, 한 가지 분명한 것이 있다. 여기서 Bee는 팀이 아니라 혼자 하는 대회, 즉 개인 대회라는 뜻이다. 반면 팀을 이뤄서 대회에 참가하는 것은 'Bowl'이라고 한다.

스펠링비 대회에서는 마지막 철자를 맞추는 1인이 남을 때까지 라운드가 계속 이어진다. 1940년대에 한 번 두 명이 챔피언이 된 이후로, 최근 몇 년간 'co-champion(공동 챔피언)'이라고 부르는 두 명이 챔피언이 된 적이 몇 번 있다. 특히 2019년에는 8명의 co-champion이 탄생했다. 라운드가 계속 이어지면서, 주최 측에서 출제용 단어들을 다 사용하여 더 이상 준비된 단어가 없었기 때문이다. 사실 해가 거듭될수록 참가자들의 실력이 향상된 것도 공동 챔피언이 늘고 있는 이유들 중 하나다.

스펠링비 대회에서는 여러 명이 챔피언이 된다고 해도 참가자들끼리의 경쟁이 아니다. 단언컨대 자신과의 경쟁이라고 말할 수 있다. 다른 참가자가 문제를 맞추지 못하면, 그 단어가 다음 차례인 참가자에게 다시 출제되는 방식이 아니다. 다음 참가자는 다른 문제를 받게 된다. 다시 말해서, 스펠링비 대회는 내가 이기면 상대가 지고 상대가 이기면 내가 지는 '제로섬 게임(zero-sum game)'이 아니다.

토너먼트 방식으로 대회가 진행되므로, 참가자들의 동기가 자극된다. '내 수준이 한 단계만 더 올라간다면 (챔피언이) 가능할 것 같은데…….'라는 생각에서 공부를 계속하다 보니 스스로를 채찍질하게 된다. 수인이도 자신이 목표했던 라운드에 올라가지 못하고 떨어질 때마다 울었지만, 아쉬움을 털어내며 다짐하곤 했다. "다음에는 좀 더 공부해서 더 잘하고 싶어요." 대회에 참가할 때마다 잘하고 싶다는 욕구와 성취하고자 하는 욕구, 승리하고자 하는 욕구가 자극되는 것 같다.

수인이는 한국 챔피언이 된 이후에 미국 내셔널 스펠링비 대회에 3번 참가했다. 미국 본선에 대비해서 열심히 준비하기는 했지만, 최종 10명에 들지는 못했다. 나중에 그 이유를 곰곰이 생각해 보니, 목표 설정에 그 원인이 있었던 것 같다. 수인이가 간절히 원했던 목표는 대한민국 챔피언이었다. 대한민국 챔피언이 되어야 미국 본선 무대에 설 수 있기 때문이었다.

스펠링비 수첩. 페이지마다 각 참가자의 사진과 프로필이 실려 있다. 참가자들은 이 사진을 보면서 해당 참가자들을 찾아서 사인을 받고 인사를 나누면서 서로 친해진다.

수인이는 2014년 중학교 1학년생과 각축전을 벌인 끝에 2등을 수상했고, 2등에게 주어지는 혜택으로 미국 대회를 참관하게 되었다. 미국 대회를 참관하면서 수인이가 제일 부러워했던 것은 챔피언 자리가 아니었다. 그것은 참가자 전원의 프로필이 수록된 수첩이었다. 자신의 프로필이 수록된 프로필 수첩을 받으려면 미국 대회에 출전해야 하고, 미국 대회에 출전하려면 (그때까지만 해도) 한국 챔피언이 되어야 했다. 만약에 미국 챔피언을 목표로 삼았다면 어떤 결과가 나왔을까. 나는 수인이가 이룬 성과에 만족하지만, 수인이는 그 점을 아쉬워한다. 이 책을 보고 스펠링비에 도전하고 싶은 사람이 있다면, 미국 내셔널 스펠링비 챔피언이 되겠다는 큰 목표를 세웠으면 좋겠다. 목표가 크면 클수록 그 목표에 더 가까이 다가갈 수 있을 것 같다.

04 공감력과 배려심을 키운다

참가자들이 서로를 응원하며 소통한다

많은 사람들이 자식을 리더십 있는 사람으로 키우고 싶어 한다. 나 역시 그렇다. 자신의 역할을 명확히 알고 흔들림 없이 비전을 실현하는 리더가 되기 위해서는 판단력, 위기 관리 등 여러 자질이 필요하지만, 나는 그중에서 공감력과 배려심이 필요하다고 생각한다. 리더는 혼자 존재할 수 없다. 리더를 따르는 사람들을 존중하고 그들과 소통할 수 있어야 앞장 서서 일을 진두 지휘할 수 있다. 그런 의미에서 공감력과 배려심은 리더에게 꼭 필요한 자질이라고 본다.

흔히 생각하기에 스펠링비 대회는 리더십과는 아무 관련이 없어 보인다. 개개인이 자신에게 주어진 단어의 철자를 맞추는 대회

2018년 세 번째로 참가한 미국 대회에서 수인이와 한 참가자가 서로의 수첩에 사인을 하고 있다.

에 다 같이 협력해서 할 일이 있는 것 같지도 않다. 대회에서 한 참가자가 자신의 문제를 맞추면 한 라운드를 통과하는 것이기 때문에, 각자 자신의 문제에만 집중하고 주변을 돌아볼 여유가 있을지 의심스럽기도 하다. 다른 참가자들을 응원하는 일은 더욱 더 요원해 보인다. 하지만 실제로는 그렇지 않았다.

대회가 시작되기 전에 모든 참가자를 모아서 얼굴을 익히고 서로 친해질 수 있는 바비큐 파티를 여는 것은 주최 측의 아주 좋은 기획이었다. 참가자들이 서로의 프로필이 적힌 수첩을 가지고 다니며 다른 참가자들의 번호와 얼굴, 응원의 메시지를 적을 수 있게 한 것도, 스펠링비 대회가 단순히 경쟁의 장이 아니라 환호와 탄식을 공유하는 장이 될 수 있게 한 '신의 한 수'라고 생각한다. 대회장에서는 아이들이 서로 서로에게 보내는 진심 어린 응원과 환호뿐만 아니라 다른 참가자의 실수에 대해 아쉬워하는 모습을 지켜볼 수 있었다. 나는 미국 스펠링비 대회를 지켜보면서 참가자들이 함께 소통하고 협력하는 모습을 지켜 보면서, 아이들을 키울 때 필요한 리더십 교육의 지표를 세울 수 있었다. 대회에 출전한 수인이를 비롯하여, 둘째 다현이와 셋째 동우 역시 직접 무대를 보면서 몸소 느낄 수 있는 기회를 가졌다.

한 사례로 참가자들과 청중들에게 감동적인 순간을 선사한 제이콥 윌리엄슨(Jacob Williamson)을 이야기할 수 있다. 2014년 대회에 참가한 제이콥은 약간 특별한 학생이다. 일반적인 상황에서 그의 행동은 이상하기도 하고 부족해 보이기도 하지만, 그는 어느 한 부분에서는 아주 두각을 드러내는 재능이 있는 참가자였다. 그는 무대 위에서 자신이 철자를 맞췄을 때 여느 십대 참가자와는 달리 큰 소리로 환호하고 발을 동동 구르며 점프를 했다. 엄청나게 리액션을 크게 하는 참가자였다. 철자를 맞췄다는 기쁨에 들뜬 그가 "Thank you!"라고 외치는 소리를 들으며 대회를 지켜보는 모든 사람들이 진심으로 함께 기뻐했다.

참가자들뿐만 아니라 관중들에게 큰 기쁨을 선사했던 그는 아쉽게도 챔피언의 문턱까지 가지는 못했다. 결승전에 진출한 그는 7명의 참가자들이 남았을 때 'kabaragoya(동남아시아에 서식하는 큰도마뱀)'를 맞추지 못하고 무대에서 내려와야 했다. 무대를 내려오기 전에 그는 단어를 불러 준 베일리 박사에게 진심 어린 표정으로 이 무대에 참가해서 너무 좋았다는 뜻으로 감사 인사를 했다. 대부분의 참가자들은 철자를 틀려서 무대에서 내려올 때 간단하게 "Thank you."라고 하거나 탈락했다는 충격에서 그냥 가기도 한다. 제이콥이 베일리 박사에게 인사를 하는 순간 모두의 입에서 탄식이 새어 나왔다. 우리를 비롯해 그 자리에 있는 모든 사람들이 느꼈겠지만, 입 밖으로 내는 것조차 잊고 있었던 말을 아주 어린아이처럼 자신의 감정에 충실하게 표현했기 때문에 모든 사람이 공감했던 순간이었다. 그리고 사회적 약자인 제이콥이 하는 말이나 행동을 비웃거나 무시하지 않고 존중하고 지켜보며 배려하는 참가자들과 청중들을 보면서, 나와 수인이는 앞으로 살아나갈 이 사회에서 어떤 리더십에 필요한지에 대해 이야기를 나눴다. 수인이는 사회에 좋은 영향을 끼칠 수 있는 리더가 되고 싶어 하는데, 제이콥을 보면서 공감과 배려심이 얼마나 아름다운 덕목인지 실감했다.

미국 내셔널 스펠링비 대회에서는 무대에서 참가자가 철자를 맞추지 못해서 내려오면, 참가자의 부모나 보호자를 무대 아래의 지정된 좌석으로 불러서 대회 측 사람과 함께 그 참가자를 안으며 위로하는 시간을 갖는다. 아이에게 떨어져서 낙오된 것이 아니라고 이야기해 주며, 당황하거나 좌절하는 참가자에게 공감하고 배려하는 시간을 갖는 것이다. 왜 그 단어를 못 맞췄느냐고 비난은 아니더라도 아쉬움을 드러내는 부모들도 있을 법하지만, 나는 한 번도 그런 부모를 보지 못했다. 무대에서 단어의 철자를 맞추기 위해 그동안 노력했던 기억을 떠올리며, 긴장의 시간을 보냈지만 결국 맞추지 못하고 내려온 참가자를 배려하는 모습에서 무엇이 진정한 응원인지 깨달을 수 있었다. 챔피언이 되는 것만이 중요한 것이 아니라, 다음 라운드로 진출하지 못한 참가자의 슬픔을 공감하고 그동안의 노력과 수고를 인정하는 것이야말로 아이를 다시 일어서게 하는 힘이었다. 수인이가 매번 철자를 맞추고 틀리는 과정을 반복하며 기쁨과 슬픔의 시소를 타면서도 좌절하지 않고 또 다시 도전할 수 있었던 것도, 무대 위와 무대 아래의 모습을 다 지켜보며 배우고 성장했던 탓이었다.

05 하기 싫은 일을 결국 해낸다

우선 하고 싶은 일부터 시작하라

'시작이 반이다'라는 말이 있다. 그런데 시작 자체가 쉽지 않다. 마음과 몸이 움직이지 않기 때문이다. 그럼 어떻게 하면 마음을 움직여서 (하기 싫은 일이라도) 시작할 수 있을까?

1953년 5월 29일 세계 최고봉인 에베레스트 산을 최초로 등반한 뉴질랜드의 탐험가 에드먼드 힐러리 경은 다음과 같은 말을 했다. "결국 가장 중요한 것은 동기라고 본다. 사람이 뭔가를 정말 하고 싶어지면 열심히 노력하게 되어 있다(I think it all comes down to motivation. If you really want to do something, you will work hard for it.)."

힐러리 경의 말처럼, 우선 흥미 있는 것부터, 자신이 잘할 수 있는 것부터 시도하면 된다. 자신이 관심 있어 하는 일에는 집중하게 되고 그 일을 깊이 파고들게 된다. 집중하고 탐구함으로써 지식과 노하우가 쌓이면 자신감이 생긴다. 그 자신감으로 도전해서 성공을 맛보면 다른 일에도 도전하고 싶은 의욕이 생기게 된다. 가장 관심 있는 일부터 시작해 보자.

어떤 일을 시작했다고 가정해 보자. 그 다음에는 어떻게 끝까지 해낼까, 라는 문제가 남는다. 처음에는 사소한 일부터 시작하는 게 좋다. 처음부터 거창한 목표를 세우면 지치기 마련이다. 아이들에게 1분 책상 정리하기, 하루에 15분 책 읽기, 일주일만 일기 써보기 등 아주 작은 일부터 시작하게 해본다. 왠지 시작하면 해낼 수 있다는 느낌의 일을 시작하게 해서 끝까지 하는 경험을 해보게 하는 것이 중요하다. 그 다음에는 조금씩 목표를 늘린다. 한번 목표를 완수한 경험이 있는 아이들은 성취감을 느꼈기 때문에 더 힘든 과정도 결국 해내게 된다. 처음부터 끝까지 해보는 경험이 끈기를 길러 주는 것이다.

우리 집 셋째 동우도 관심 있는 일부터 시작했다. 아이들이 어떤 대상에 흥미나 호기심을 느끼면, 그 대상에 몰입하게 되고 질문을 많이 하고 스스로 책을 찾아 읽는다. 동우는 동물들을 좋아해서 동물 사전을 비롯해서 동물 다큐멘터리와 동물 유튜브 동영상, 영어 동물 사전, 과학 잡지까지 가리지 않고 다 봐서 동물에 관해서라면 아는 지식이 많다. 횟집에 가서 회를 먹어도, 그 회가 어떤 어종이며 어느 계절에 잘 잡히는지 어디서 잘 잡히는지 말할 수 있을 정도다. 게다가 그 어종의 영어 단어조차 알고 있다. 새나 다른 동물들도 마찬가지다. 한국어든 영어든 보이는 대로 읽고 찾다 보니 생전 처음 듣는 심해어의 영어 학명까지 안다. 처음에는 동물에 국한해 알고 있던 영어 단어들이 식물 분야와 자연 분야로 확장되었다. 그 덕분에 동우는 자신감이 생겨서 큰 누나인 수인이와 동식물 영어 단어 겨루기도 했다. 그 후로는 철자도 정확하게 알려고 노력했고 누나를 따라 스펠링비에 관심을 갖고 공부하기 시작했다.

성공의 경험을 쌓게 하라

둘째 다현이의 경우는 좀 다르다. 다현이는 공부든 특별 활동이든 몇 번 해보고 결과가 좋지 않으면 더 이상 하지 않았다. "나는 잘 못해"라고 지레짐작하고 새로운 일을 시작했다가 쉽게 그만두는 편이었다. 짧은 시간 동안 경험하고 나서 좋은 결과를 얻기란 쉽지 않은데, 다현이는 아직 어리다 보니 그런 인식을 하지 못하고 있었다.

어느 날 다현이는 음악 콩쿠르에 나가겠다고 결심을 밝혔다. 다현이는 바이올린을 몇 년째 배우는 중이었다. 나는 최선을 다하라는 말과 함께 콩쿠르 준비를 하면서 힘들어 할 때마다 격려했고, 계속 틀리는 부분에서는 반복 연습을 하도록 독려했다. 본인이 좋아서 시작한 일이기 때문에 다현이는 힘들어도 묵묵히 연습했다. 그 결과 두 콩쿠르에 나가서 1등과 2등을 수상했다. 힘들어도 끝까지 노력해서 상을 받은 다현이는 성취감과 함께 자신감도 갖게 되었다. 이 자신감을 발판으로, 다현이는 다른 분야에도 도전하는 의

욕을 보였다.

다현이가 언니를 따라 스펠링비에 도전하게 된 것도 이런 자신감 덕분이었다. 다현이는 꾸준히 노력한 끝에 2016년에는 언니 수인이와 함께 한국 내셔널 스펠링비 대회까지 진출했다. 다현이의 그 다음 도전은 교내 스피치 대회였다. 목이 쉬어 소리가 갈라져도 다현이는 매일 저녁 잠들기 전까지 연습했다. 다현이는 교내 스피치 대회에서 1등을 수상했고, "난 할 수 있어!"라는 확신을 얻었다.

수인이는 2012년 초등학교 2학년 때 처음으로 한국 내셔널 스펠링비 대회에 진출했다가 예선에서 탈락했다. 집으로 돌아오는 기차에서 나와 수인이는 일년 후의 목표를 세웠다. 일년 후에는 예선을 통과해 최소한 장려상은 받자는 것이 그 목표였다. 수인이는 매일 나와 함께 영어 단어를 연습하면서 그 목표를 향해 노력했다. 그 해에는 딱 목표대로 장려상을 받았다. 노력한 결과 목표를 이뤄내면서 수인이는 성취감을 맛보았고, 그 다음에는 3등 안에 들자는 목표를 세웠다. 더 많은 시간을 들여서 노력한 끝에 수인이는 2등 수상으로 목표를 초과 달성했고 그로 인해 1등에 도전하려는 의지가 생겼다. 3년간 꾸준히 목표를 완수하는 경험을 하면서 몸으로 익힌 끈기는 수인이가 힘들고 지칠 때마다 버티는 힘이 되었다. 그리고 1년 후에 수인이는 자신이 그토록 바라던 챔피언이 되었다.

《그릿》의 저자 앤젤라 더크워스 심리학 교수는 힘든 일을 완수한 경험이 미래에도 무슨 일이든 끝까지 해내도록 준비시키는 최선의 방법 같다고 설명했다. 마이크로소프트 창업자인 빌 게이츠도 오래 전부터 재능보다는 역량을 중시해 왔다고 밝힌 바 있다. 빌 게이츠는 마이크로소프트 사의 채용 과정에 직접 개입했던 시절에는 지원자들에게 (IQ 테스트나 기술 시험이 아니라) 몇 시간에 걸친 지루한 프로그래밍 과제를 주고 그 과제를 완성한 프로그래머만 채용했다고 한다. 시작한 일을 완성하는 것이 중요한 이유는 그 경험을 통해서 끝까지 하는 힘(끈기)을 길러 주고 힘든 일에 직면할 때도 피하거나 포기하지 않고 돌파하기 때문이라고 한다.

아이들에게 관심 있어 하는 일부터 시작하게 해보자. 사소한 일에서부터 성공을 맛보게 해서 조금씩 도전하게 해보자. 동기를 부여해서 목표를 세워 끝까지 완수하는 경험을 하게 되면 다시 도전할 수 있는 힘이 생긴다. 그 힘을 바탕으로 도전과 성취, 그리고 다시 도전이라는 선순환이 이루어지면 힘든 과정도 결국 끝까지 해낼 수 있게 된다.

06

인생의 목표, 스스로 찾게 하다

Who are you?

수인이가 초등학교 1학년 때 누군가 수인이에게 어떤 사람이 되고 싶은지 물은 적이 있다. 그때 수인이는 축구 선수가 되고 싶다고 대답했다. 한창 축구의 매력에 빠져서 공을 차고 다닐 무렵이었다. 그 후 수인이는 스펠링비를 시작하게 되었다. 처음에는 무작정 외우는 방식을 선택했는데, 대회에 나가서 자주 탈락했다. 그때마다 무대에서의 실수를 자책하고 끝없이 모르는 단어가 출제되는 것 때문에 많이 힘들어했다. 하지만 수인이는 며칠 풀 죽어 있다가 공부를 다시 시작했다. 자신의 노력이 부족했다고 여기고 어휘 책을 보면서 단어장을 만들기 시작했다.

스펠링비 대회 때마다 실수와 다짐, 노력의 과정이 반복되면서 수인이는 구체적으로 자신의 꿈을 찾기 시작했다. 엄마인 내가 보기에 수인이는 암기력이 좋고 성실하다. 무엇보다도 궁금한 점이 있으면 주저하지 않고 묻는 성격이다. 부모나 선생님에게 물어보고 책이나 인터넷에서 찾아보고 자신이 이해해서 제대로 파악할 때까지 파고드는 장점이 있다. 그런 장점 덕분에, 수인이는 스스로 자신의 재능이 무엇이며, 부족한 점은 무엇인지 파악하고 어떻게 해결해 나갈 수 있는지 알아보기 시작했다. 자신이 잘하는 것과 좋아하는 것과 관련된 일이 어떤 분야에 속하는지 궁금해하면서 관련 직업군에 대해 물었다. 주변의 친구들이나 선배들, 선생님들과 이야기하면서 그들의 의견에 귀를 기울이기도 하면서, 그 분야로 나아가기 위해 하나라도 도움이 되는 일이 있으면 경험하려고 노력하는 중이다.

어른들은 흔히 아이들에게 꿈이 무엇인지 물을 때가 많다. '네 꿈이 뭐니, 커서 어떤 일을 하고 싶어?' 같은 질문을 받으면 자신 있게 대답하는 아이들도 있지만, 마지못해 대답하는 아이들이 있는가 하면 아예 대답을 주저하는 아이들도 있다. 이런 식의 질문은 아이들에게 꿈을 강요하는 것과 다름없다. 아이들은 아직 세상에 대해 잘 모른다. 커갈수록 보고 듣고 경험하면서 자신이 하고 싶은 일이 바뀌기 마련이다. 아이들에게 자신들의 꿈을 꾸라고 말하기 전에, "너는 어떤 사람이니?"라고 묻는 게 좋다. 자신이 어떤 사람인지는 본인들 스스로도 잘 알고 있다. 흔히 어른들이 추천하는 변호사, 의사 등 직업들은 아직 아이들에게는 낯설다. 어른들 역시 자신들이 직접 경험해 보지 않은 직업군에 대해서는 피상적으로 알고 있을 뿐이다. 아이들 스스로 자신의 재능과 장점, 단점을 파악하고, 어디까지 해낼 수 있는지 가늠해 보고 꿈을 꿀 수 있도록 도와주는 것이 어른의 역할이라고 생각한다.

틀린 게 아니라 다를 뿐이다

첫째 수인이와 셋째 동우는 재능이 비슷하고, 둘째 다현이는 다른 형제들과는 다른 재능이 있다. 수인이와 동우는 단어를 빨리 외우고 판단을 빠르게 내리는 편이다. 다현이는 생각을 하느라 행동이 느리고 눈으로 보는 것보다 만져서 만드는 것에 익숙하다. 처음 스펠링비를 시작했을 때 다현이는 수인이와 동우보다는 순발력이나 단어를 조합하는 능력 면에서 상대적으로 느렸다. 초반에 다현이는 형제들보다 못한다는 생각에서 좌절감을 많이 느꼈다. 시간이 좀 흘러서 자신이 다른 형제들과 다르다는 점을 인정하고 나서야 앞으로 나아갈 수 있었다. '다르다'는 것이 '모자라다'의 동의어가 아니라, 자신만의 재능이 따로 있다는 것을 이해하게 되었다. 물론 그 과정이 쉽지는 않았다. 나는 관점을 바꿔서 형제들이 잘하는 것보다 다현이가 잘하는 것 위주로 시도하게 했다.

다현이는 빠르게 하는 것보다 깊이 생각하는 유형으로 눈으로 보고 상상해서 해결하는 방법보다 손으로 직접 만들고 그려 보는 성향의 아이다. 그래서 단순한 일보다는 복잡한 일을 풀어내는 재능과 시간이 오래 걸려도 즐겁게 해내는 장점이 있다. 예를 들어, 다현이는 레고 기차 트랙을 만들 때도 복잡한 설명서의 도면을 끈기 있게 보면서 이리저리 계속 시도해 결국 조립했다. 원리를 이해할 때까지 도면을 들여다본 것이었다. 수인이와 동우는 옆에서 다현이가 조립하는 과정을 지켜보면서 그 방법에 따라서 만들었다. 야외용 흔들그네 역시 다현이가 조립했다. 다른 사람들이 얼핏 봐서는 혼자 하기 힘들 것 같은데도 다현이는 손으로 만드는 일을 너끈히 해낸다.

여러 번의 시도를 해본 끝에 다른 두 형제는 자신들이 다현이보다 못하는 영역이 더 많다는 사실을 인정했다. 그 후로 세 아이는 누가 뭘 못한다고 말하기보다는 누가 뭘 잘한다고 말하며, 서로 그 부분을 인정하고 지지하기 시작했다. 이렇게 자신의 장점을 알고 형제들도 인정해 주면서, 다현이는 단어 외우기나 빨리 읽고 쓰기 같은 일에도 자신감을 가지고 열심히 했다. 다현이는 자신과 형제들이 다르다는 것을 알고 그 다름이 우열의 문제가 아니라는 것을 알게 되면서, "난 못해"라는 말을 입에 달고 살 때는 정말 못하던 일들을 점점 잘하게 되었다. 그렇게 노력하는 과정에서 다현이는 2013년에 교내 스펠링비 1학년 대표로 뽑혀서 광주 지역 예선에 수인이와 함께 참가했고, 2015년에는 수인이와 동우와 함께 광주 지역 예선에 참가했다.

현재 다현이는 자신의 재능과 장점을 살려서 뭔가를 개발하고 만드는 창조적인 일을 하고 싶어 한다. 스티브 잡스를 가장 좋아하는 인물로 꼽고 있는데, 자신이 원하는 바를 구체화하면서 발명 분야의 일에 대해 알아보고 있다.

07

세상 보는 눈을 키운다

점점 더 넓은 무대로 나아가다

미국에 입국할 때 입국심사대에서 심사관은 방문객들에게 미국 입국 사유를 묻는다. 스펠링비 대회를 참관하기 위해서 한 차례, 스펠링비에 참가하기 위해 세 차례, 총 4번 입국 심사대에 섰을 때, 우리의 대답을 듣는 심사관들의 반응은 똑같았다. 우리가 내셔널 스펠링비 대회에 참가하기 위해 왔다고 답하면, 그때마다 심사관은 TV에 나오는 유명인사나 존경하는 인물을 눈 앞에서 보는 듯한 눈빛을 보였다. 수인이에게는 TV에서 네가 나오면 응원하겠다는 말과 함께, "Good luck!"이라는 말을 꼭 덧붙였다. 그 순간에 느낀 기분은 이루 말할 수 없이 감격스러웠다. 내가 수인이 엄마라는 사실이 너무 자랑스러웠던 순간이기도 했다.

미국 내셔널 스펠링비 대회는 ESPN 1,2,3,4 채널에서 방송된다. 대회 초반에는 지역 방송에서 방영되며, 마지막 챔피언 결정전은 전세계로 방송된다. 입국 심사관들이 스펠링비 참가자를 동경하는 눈빛이나 존경하는 눈빛으로 바라보는 것은 다 ESPN 방송 덕분이었다. 그 사람들은 TV에서 스펠링비 참가자들이 다양한 능력을 선보이며 도전하는 모습을 보았을 것이다. 스펠링비 대회는 단순히 철자만 맞추는 경연장이 아니다. 무대 앞에는 수백 명의 방청객이 앉아 있고 방송용 카메라가 돌아가는 생방송 상황에서 참가자는 대회를 치른다. 사회자에게 여유롭게 농담을 건네는 참가자가 있는가 하면, 신중하게 하나하나 되짚으면서 정답을 맞추는 참가자도 있다. 단어를 듣자마자 질문도 전혀 하지 않고 거침없이 철자를 말하는 참가자가 있는가 하면, 공부와는 전혀 담 쌓았을 것 같은 인상인데도 철자를 정확히 맞춰서 다음 라운드로 진출하는 참가자도 있다. 한 명 한 명의 참가자가 대회를 준비하며 갈고닦은 실력을 무대 위에서 선보인다. 참가자들이 얼마나 노력했을지 직접 참관하지 않더라도 TV에서 그 열기를 그대로 느낄 수 있을 정도다.

수인이도 무대에서 다른 참가자들과 겨루는 동안 각자 각자의 재능을 직접 목격하고 그들의 열정도 실감하면서 더욱 더 노력하려고 애썼다. 스펠링비 대회는 공부 동기를 북돋아줄 뿐만 아니라 집과 학교가 세상의 전부였던 수인이에게 새로운 경험을 해주게 한 계기가 되었다. 처음 경험한 무대는 지역 예선을 치렀던 광주의 한 학교였다. 그 다음에는 건국대 새천년 홀에서 한국 내셔널 스펠링비 대회를 치렀다. 그 다음에는 더 큰 무대를 경험했다. 2015년 미국 내셔널 스펠링비 대회에 참가해서 미국 동부 메릴랜드 주 게이로드 호텔 컨벤션 홀(Gaylord Convention Center)의 무대에 서게 된 것이다. 부산에서 광주로, 부산에서 서울로, 부산에서 미국으로 점진적으로 큰 세상을 경험할 수 있는 기회를 갖게 되었고, 수인이의 꿈 역시 같이 커졌다. 대회에 참가할 때마다 한 단계 더 높은 대회에 참가할 수 있는 출전권을 따내면서, 수인이는 목표의식을 갖게 되었다. 수인이가 보게 된 세상이 넓어지면 넓어질수록, 그 세상은 한 단어 한 단어 더 익히게 하는 원동력이 되었다. 지치고 힘들어 공부하기 싫을 때마다 수인이가 마음을 다잡아 공부할 수 있는 계기 역시 새로운 세상이었다.

새로운 세상을 보여 주다

미국 내셔널 스펠링비 대회의 챔피언에게는 결승전이 끝난 다음날인 금요일 저녁 만찬장에서 영광스럽게도 연설할 기회가 주어진다. 그 다음날 오전에는 비행기를 타고 뉴욕 맨해튼 방송국에서 인터뷰를 한다. 수인이가 참가했을 때만 해도 챔피언은 백안관에 초대를 받아 대통령을 만났다(지금은 백악관 초대가 없어진 것 같다). 수인이가 미국 대회에 참가했을 때는 오바마 대통령 재임 시절이어서, 나와 수인이는 오바마 대통령을 만나려면 더 열심히 해야겠다는 말을 농담 삼아 주고받았다.

수인이의 한국 대표 출전 모습은 SBS 〈생방송 투데이〉 '지구

촌 최대 영어 축제, 나는 국가대표다(1424회)'에 소개된 바 있다. 그때 수인이는 백악관 건물이 보이는 앞에서 촬영도 하고 사진도 많이 찍었다. 그리고 참가자들은 워싱턴 D.C. 투어를 신청할 수 있다. 워싱턴 기념탑(Washington Monument)를 걸어서 구경하거나 버스로 워싱턴 시티를 둘러보면서 자연사 박물관에 가는 투어가 있어서, 스펠링비 주간 동안 단순히 대회를 치르는 것이 아니라 견문도 넓힐 수 있게 프로그램이 구성되어 있다.

수인이가 미국 대회에 처음 참가했을 때는 대회장 입구 한쪽 벽에 전체 참가자의 사진이 프린트되어 부착되어 있었다. 수인이가 자신의 사진을 발견하고는 얼마나 기뻐했던지 모른다. 이렇게 소소한 부분에서도 대회 참가자로서 소속감이 들게 하는 동시에, 다음에도 대회에 출전해야겠다는 동기를 북돋아준다.

미국 내셔널 스펠링비 대회에서는 참가자에게 이름 배지와 참가자가 입을 티셔츠 2장, 친구나 가족들을 위한 성인용 티셔츠 4장을 준다. 참가자는 가족들과 다 같이 스펠링비 티셔츠를 입고 대회장 이곳저곳을 돌아다니며 인증 사진을 찍기도 하고, 바비큐 파티 같은 단체행사 때 입기도 한다. 수인이는 미국 대회에 3번 참가해서 그동안 받은 티셔츠가 꽤 된다. 우리 가족은 별 의식하지 않고 스펠링비 티셔츠를 입고 다녔는데, 한번은 스펠링비의 명성을 실감한 적이 있다. 2017년 여름방학 때 수인이와 두 동생이 3주간 아이스하키 캠프를 갔던 때의 일이다. 캠프 둘째 주에 세 아이가 하키복 안에 스펠링비 티셔츠를 입고 있었다(매년 스펠링비 티셔츠에는 다른 디자인과 글이 프린트된다). 캠프의 아이스하키 선생님은 어떻게 스펠링비 티셔츠를 입고 있는지 물었고, 두 동생은 수인이가 스펠링비 대회에 참가해서 받은 것이라고 대답했다. 그 이야기를 들은 선생님은 깜짝 놀라면서 스펠링비 참가자를 실제로 보는 것은 처음이라며 감탄했다. 그 선생님은 수인이에게 어떻게 지금까지 이야기를 안 하고 있었는지 너무 겸손한 것 같다는 말도 덧붙였다. 그 일을 계기로 그 선생님과 수인이는 서로의 인스타그램을 팔로우해 멀리 떨어져 있어도 서로의 안부를 묻고 있다.

수인이는 학교에서 개최하는 스펠링비 대회에 나갔을 때만 해도 자신의 세상이 이렇게 확대될 줄은 모르고 있었다. 영어 단어를 공부하는 것으로만 생각했는데, 아이가 세상을 바라보는 관점이 달라졌고 아이가 발 딛는 곳이 바뀌었다. 지금 돌이켜 보면 수인이가 스펠링비 대회에 참가했던 일이 얼마나 다행스러운지 모른다. 우연한 기회를 잡아서 수인이는 앞으로 계속 나아가 새로운 문을 열고 새로운 일을 할 수 있었다. 그리고 새로운 길을 갈 수 있었던 것은 수인이가 꾸준히 배우고 익히고 노력해 왔기 때문이라고 생각한다.

2장

어휘 공부,
어떻게
해야 하나요?

01 어휘 학습 환경을 만들자

주위의 모든 것이 학습 자료다

수인이를 따라서 둘째 다현이와 셋째 동우가 스펠링비 공부를 시작하면서, 나는 세 아이 모두 학년 대표로 선발되어 지역 예선에 나가는 꿈을 꾸기 시작했다. 2013년에는 다현이가 학교 1학년 대표로 뽑혀서 수인이와 함께 광주 지역 예선에 참가했고, 2014년에는 셋째 동우가 수인이와 함께 광주 지역 예선에 참가했다. 이때는 다현이가 안타깝게도 학년 대표가 되지 못해서 함께 출전하지 못했다. 3남매 모두 지역 예선에 출전하게 된 것은 2015년 12월이었다. 세 아이 모두 무대에 선 모습을 지켜보면서, 내가 아이들에게 조언했던 공부 방법이 옳았다는 확신이 들었다. 그 대회 때 세 아이가 모두 대회에 참가했다는 사실을 알게 된 주위의 학부모들이

2015년 세 아이 모두 학년 대표로 광주 지역 예선에 참가했다.

부러워하는 시선으로 아이들의 공부법에 대해 물어 왔다.

돌이켜 보면, 아주 특별한 공부 방법이 있었던 것은 아니다. 학교 성적이 좋을 뿐만 아니라 스펠링비 대회에서 꾸준히 성과를 올리는 수인이를 지켜 봤던 다현이와 동우는 언니처럼 누나처럼 되고 싶어 했다. 두 아이가 수인이를 따라 하며 자연스럽게 공부를 하게 되었다. 다른 점이 있다면, 공부보다는 호기심을 유도했다는 것이다. 나는 수인이를 비롯해서 아이들에게 호기심부터 갖게 했다. 호기심이 생겨야 그 다음 단계로 나아갈 수 있다고 생각했기 때문이다.

아이에게 호기심을 갖게 하려면, 무엇보다도 부모가 다방면에서 노력해야 한다. 나는 아이들과 같이 길을 가다가도 눈에 보이는 간판이나 광고판에서 영어 단어를 보면 철자를 읽어 봤다. 모르는 단어가 있으면 휴대폰의 사전 애플리케이션에서 즉시 찾아 봤다. 브랜드명, 상점명, (프랑스어에서 많이 유래된) 빵 종류, 영어 메뉴 등도 좋다. 이런 방법으로 일상에서 쓰이고 있는 철자에 관심을 갖게 되면, 우리가 얼마나 틀린 단어를 쓰고 있는지 금방 알 수 있다. 철자가 틀릴 뿐만 아니라 한글 병기가 되지 않은 간판들도 많고, 혼동해서 단어를 잘못 쓴 경우도 많아서 우리 주위에서 철자 오류를 쉽게 목격할 수 있다.

해외로 여행 갈 때도 마찬가지다. 어느 나라 어느 도시를 여행하든 꼭 그 나라의 언어와 영어식 철자를 알아본다. 또한 현지 언어를 주의 깊게 듣고 철자가 어떻게 되는지 발음은 어떻게 하는지 살펴본다. 현지에서 말하는 대로 세계적인 공식 명칭이 되는 물건이나 음식 등이 있으면 철자와 발음도 찾아본다. 예를 들어, 일본에 간다면 우동(udon), 스시(sushi), 라면(ramen) 등의 철자와 발음을 알아두자. 홍콩의 경우에는 딤섬(dimsum), 중국의 경우에는 중국식 자장면(chow mein) 등을 알아둔다. 이외에도 도시 이름을 알아두면 좋다. 미국 내셔널 스펠링비 대회에서는 세계 각 도시의 이름 및 각 나라의 음식 이름이 자주 출제된다.

도시명이나 음식명 외에 하나 더 알아두면 좋은 것은 도로 표지판과 대중교통 수단이다. 태국에서 흔히 볼 수 있는 교통 수단인 삼륜차 툭툭(Tuk Tuk)과 같이 그 나라만의 고유어 명칭이 있다면 발음과 철자를 찾아본다.

이때도 공부가 아니라 놀이로 접근하게 한다. 부모가 혼자 알아서 아이들에게 가르쳐 주는 방식은 일방향 학습에 그치고 만다. 아이들과 함께 놀면서 익히게 하면 양방향 학습이 된다. 공을 주고받듯이 철자를 놀이처럼 주고받거나, 누가 먼저 새로운 철자를 발견하는지 내기를 하거나, 서로 공유해서 알아가면 아이들이 흥미를 갖고 그 나라 사람들의 생활을 주의 깊게 살펴보게 된다. 우리 집의 경우에는 3남매가 주거니 받거니 하면서 서로 신기하게 본 것들을 이야기하는 편이다. 놀이하듯 어휘를 익히면 그 나라 문화를 이해하는 데도 큰 도움이 된다.

나는 여행지에서 그 나라 언어를 잘 모르더라도 꼭 배워 두는 말이 있다. "안녕하세요.", "감사합니다.", "안녕히 계세요." 이 세 마디는 꼭 익혀서 현지에서 웃으면서 먼저 인사하고 고마움을 표시한다. 그러면 아이들도 함께 따라 하기 때문에 그곳 사람들도 웃으면서 화답해 준다. 어설픈 인사지만 이방인이 노력하는 태도에서 현지인들이 마음을 열게 되는 것이다. 인사를 하고 다가가면 궁금한 점을 하나라도 더 물어볼 수도 있고 현지인들과 친해질 수도 있다.

하나만 기억하면 된다. 아이들은 부모의 모든 것을 따라 한다는 것을 잊지 말자. 그것이 좋은 것이든 나쁜 것이든 다 마찬가지다. 때로는 부모가 아이의 스승이라는 말이 부담스러울 수 있다. 하지만 아이들은 금방 변한다. 아이들은 환경에 쉽게 적응하고 부모가 어떻게 인도하는지에 따라 금방 변할 수 있기 때문에, 이전에 아이에게 안 좋은 모습을 보였더라도 만회할 수 있는 기회가 충분히 있다.

아이에게 맞는 방법을 찾도록 한다

어휘에 대한 관심을 유도했다면, 그 다음으로는 아이에게 자신이 아는 어휘와 자신이 모르는 어휘를 파악하도록 해야 한다. 모르는 단어를 보면 그 자리에서 휴대폰의 사전 애플리케이션이나 인터넷에서 검색을 해서 찾게 하는 것도 좋고, 노트에 적어 뒀다가 나중에 찾게 해도 좋다. 수인이의 경우에는 모르는 단어를 보면 사전 애플리케이션에서 바로 찾는 방법을 이용했지만, 꼭 그렇게 하지 않아도 된다. 사람마다 좋아하는 음식이 다르듯이, 공부 방법도 각기 다르다. 이 방법 저 방법을 시도해 보고 아이에게 맞는 방법을 찾게 하면 된다.

무엇보다도 단순 암기는 도움이 되지 않는다는 것을 알아둘 필요가 있다. 단어가 뇌에서 장기 기억으로 전환되기 위해서는 아이 스스로 단어를 제대로 파악하는 노력을 해야 한다. 책이나 인터넷, 어휘 책 등을 보다가 모르는 단어가 나오면, 문장에서 맥락을 파악해서 어떤 뜻일지 추측해 보고 사전을 찾아서 자신이 유추한 의미가 맞는지 확인하는 수고스러운 과정을 거친다면, 단순히 단어와 뜻만 외울 때보다는 훨씬 오래 뇌리에 남는다.

새로 알게 된 단어의 뜻과 예문을 포스트잇이나 플래시 카드에 적어서 자주 볼 수 있는 곳에 붙여 두는 것도 좋다. 예를 들어, 냉장고 문에 붙여서 문을 여닫을 때 보거나, 책상이나 모니터에 붙여 두거나, 정수기나 커피메이커같이 물이나 커피를 내릴 때 기다리면서 저절로 단어를 보면서 익히는 것도 한 방법이다. 휴대폰의 사전 애플리케이션에서 단어를 찾아서 그 화면을 캡처해서 이미지로 저장했다가 나중에 다시 찾아보는 방법도 있다.

매일 매일 새로운 단어를 공부하도록 권하고 싶다면, 온라인 사전 사이트에서 제공하는 'Word of the Day'의 이메일 구독 신청을 하면 된다. 이메일 구독 신청을 하기 위해서 사이트에 굳이 가입하거나 로그인을 할 필요도 없다. 간단하게 이메일 주소만 적고 메일을 확인만 하면 아이(또는 부모)의 이메일 계정에서 새로운 단어를 편하게 받아볼 수 있다.

Word of the Day 이메일 구독신청

- Merriam-Webster:
  https://www.merriam-webster.com/word-of-the-day
- Dictionary.com:
  https://www.dictionary.com/e/word-of-the-day/
- WordThink: http://www.wordthink.com/

Merriam-Webster 사전 애플리케이션과 Dictionary.com 애플리케이션에서는 Word of the Day가 매일 업데이트되므로 사전 애플리케이션을 이용하는 것도 편리하다. 구글 플레이나 아이폰의 앱 스토어에서 'Word of the Day'로 검색하면 오늘의 단어에 관한 애플리케이션이 많이 있다. 그중에서 아이의 학습 성향에 맞는 애플리케이션을 다운받아 이용하게 하면 된다.

어휘 애플리케이션

- A Word A Day Widget
  매일 휴대폰 홈 화면에 새로운 단어를 업데이트하는 위젯(안드로이드용)

- Word of the Day Widget
  매일 휴대폰 홈 화면에 새로운 단어를 업데이트하는 위젯(아이폰용)

- Improve English: Vocabulary, Grammar, Word Games
  3단계의 난이도에 따라 어휘 학습을 할 수 있는 점이 특징

- PowerVocab Word Game
  힌트를 이용하여 단어 퍼즐을 풀면서 어휘를 재미있게 학습할 수 있는 게임

- Learn English Vocabulary
  주제별로 사진을 보며 단어를 익힐 수 있고, 플래시 카드로 복습할 수 있는 애플리케이션

- 7 Little Words
  2개나 3개 철자의 타일들을 조합하여 7개의 단어를 만드는 어휘 게임

수인이는 단어의 철자를 하나 하나 입으로 소리 내어 읽으며 단어를 익히는 동시에 인터넷 사전이나 사전 애플리케이션에서 발음을 듣고 따라 하는 연습을 했다. 물론 스펠링비 대회 자체가 철자를 또박또박 알아맞혀야 하는 경연이기 때문에 일반적인 어휘 학습과는 좀 다르지만, 단어를 자신의 것으로 만들려면 발음을 제대로 익히는 노력을 해야 한다. 인터넷 사전이나 사전 어플리케이션을 이용하는 것도 좋고, 다음에 소개하는 애플리케이션을 이용해도 좋다.

발음 애플리케이션

- 6,000단어 영어 공부(Learn English - 6,000Words)
  6천 개 이미지와 함께 단어가 제시되어 원어민의 음성으로 발음을 따라 배울 수 있다.

- Sounds: Pronunciation App
  미국 영어와 영국 영어의 음소 차트(Phonemic Charts)가 있고, 가장 자주 쓰이는 650단어가 수록되어 있어서 발음을 연습할 수 있다.

- Forvo Pronunciation Guide
  영어뿐만 아니라 340언어의 발음을 확인할 수 있다. 애플리케이션뿐만 아니라, forvo.com에서도 확인 가능하다.

또 하나 수인이가 가장 큰 효과를 봤던 방법은 일기 쓰기다. 단어를 단어로만 외워서는 눈으로 아는 것에 그치기 때문에, 단어를 문장에서 직접 써보는 연습을 해야 자신의 것으로 만들 수 있다. 수인이는 한국어로 일기를 쓰고 영어로 일기를 다시 썼는데, 그때마다 새로 배운 단어를 이용해 문장을 만들어서 연습했다.

일기를 쓸 때는 day와 time을 적고, 하루를 어떻게 보냈는지 묘사하는 글로 시작해서 그날의 주요 사건, 감정, 내일의 계획 등을 적고 앞으로 어떻게 할지 향후 계획으로 마무리하면 좋다. 다음과 같이 스스로 질문하고 답하게 하는 것도 좋은 아이디어가 된다.

Ask yourself questions

- What did you learn today?
  오늘 무엇을 배웠나요?

• What do you want to accomplish?
어떤 것을 성취하고 싶나요?

• What do you want to fix?
무엇을 고치고 싶나요?

• How are you feeling?
기분이 어떤가요?

Goals
□ eat more fruits and vegetables 과일과 채소 많이 먹기
□ exercise more often 좀 더 자주 운동하기
□ go to bed on time 제때 잠자기

일기 쓰는 게 부담스럽다면, 앞으로의 목표(goals)를 적는 것도 좋은 방법이다. 예를 들어, "I will watch less TV.(나는 TV를 덜 볼 거야.)", "I'll keep my room clean.(내 방을 깨끗하게 할 거야.)", "I will drink less coke and juice and drink more water.(나는 콜라와 주스를 덜 마시고 물을 더 많이 마실 거야.)" 등의 결심이나 목표를 적게 하는 것도 도움이 된다.

어른들도 마찬가지지만, 아이들 역시 일기에 무엇을 써야 할지 몰라서 헤매는 경우가 많다. 그런 경우에는 주제를 정해서 하루에 한 문장씩만 쓰게 해본다. 예를 들어, Food(음식), Fashion(패션),

Travel(여행), Sports(스포츠), School(학교), Dreams(꿈), Friends(친구들), Family(가족) 중에서 하나의 주제를 정해서, 한두 문장만 써보자고 권유한다면 아이가 쉽게 시작할 수 있을 것 같다. 처음부터 영어로 쓰는 것이 어렵다면, 구글 번역이나 파파고를 이용해 본다. 한글로 써보고 영어 문장을 쓴 후에 번역 툴을 이용해서 얻은 문장과 비교한다. 이런 연습을 반복하다 보면, 영어 문장에 대한 두려움을 없애는 동시에 영작을 할 때 아이가 자신의 취약점을 파악하는 데도 도움이 된다.

단어장을 만들어 사용하는 것도 추천한다. 시판하는 카드 단어장에 직접 써도 되고, 워드 프로그램에서 만들어도 된다. 단어장 앞면에는 단어를 적고, 뒷면에는 한글 뜻(또는 영어 뜻)을 적는다. 한글과 영어 뜻을 동시에 적어도 되는데, 부담이 가지 않도록 아이에게 자신이 편한 방법을 선택하도록 권하는 게 좋다.

Flashcards Deluxe나 AnkiDroid 같은 플래시 카드 애플리케이션을 이용해도 된다. 애플리케이션에 들어갈 단어 리스트는 인앱 구매로도 얻을 수 있고, 인터넷에서도 무료로 단어 리스트를 구할 수 있다.

그 다음으로 스펠링비 어휘 리스트에 도전하는 것도 추천한다. 인터넷에 검색해 보면 스펠링비 학년별 리스트가 많이 나와 있는데, 저학년 리스트의 경우에는 난이도가 그다지 높지 않다. 스펠링비를 준비하지 않아도, 이 리스트들을 참고하면 각 학년별 어휘 수준을 가늠해 볼 수 있고 참고 자료로도 이용할 수 있다. 아이들의

앞면

observe

[əbzə́ːrv]

뒷면 1

1. 보다
ex. We have observed that you steal.

2. 관찰하다
ex. observe a child's behavior

뒷면 2

1. to see
ex. We have observed that you steal.

2. to watch (something) carefully
ex. observe a child's behavior

1. 우리는 네가 훔치는 것을 보았다.
2. 아이의 행동을 관찰하다.

수준이나 학년에 따라서 리스트를 선택해서 참조하면 된다. 처음부터 단계를 너무 높게 잡으면 아이가 흥미를 잃기 십상이므로, 처음에는 쉬운 단계부터 시작해서 차츰 늘려가는 방법이 좋다.

Spelling Bee Words 리스트

- Spellzone Word List:
  https://www.spellzone.com/word_lists/school-5396
  단어 앞의 사운드 버튼을 누르면 단어의 발음에 이어서 예문 전체 음성을 들을 수 있다.

- Spelling-Words-Well.com: https://www.spelling-words-well.com/spelling-bee-word-list.html
  왼쪽 메뉴에 학년별 자료가 나와 있다. 클릭해서 들어가면 전체적인 소개를 볼 수 있고, Grade Spelling Words를 누르면 해당 학년 단어가 나온다.

- Vocabulary.com Spelling Bee Words:
  https://www.vocabulary.com/lists/7979
  단어를 클릭하면, 뜻과 동의어가 나온다. V 표시가 있는 단어에는 어원과 예문, 퀴즈 등 다양한 activity가 준비되어 있다.

스펠링비를 비롯해서 어휘 공부를 시킬 때는 목표를 높게 잡는 것도 좋지만, 아이들에게 스스로 해냈다는 성취감을 맛보게 하는 것이 중요하다. 따라서 쉬운 단계를 하나 하나 성취해 가면서 자신감을 기르게 하고, 그 다음 단계를 공부할 수 있는 의욕을 불러일으켜야 한다. 그렇게 한 단계 한 단계 끝내다 보면 어느새 높은 수준에 도달해 있을 것이다.

다양한 어휘 학습 방법을 언급하는 이유가 있다. 여기 소개한 모든 방법을 다 이용해야 한다는 의미가 아니다. 이 중에서 아이가 자신에게 맞는 방법을 찾을 수 있게 부모가 옆에서 도와줘야 한다. 우리집 아이들 역시 자신에게 맞는 방법을 찾기까지 시간이 좀 걸렸다. 수인이는 처음에는 단어장을 만들어 사용하다가 나중에는 노트에 쓰는 방법으로 바꿨다. 둘째 다현이는 언니처럼 쓰고 외우는 방법을 따라 하다가 자신에게 맞지 않는다는 것을 깨닫고 깊이 생각해서 이해도를 높이는 방법으로 바꿨다.

현재 하버드 교육대학원에서 지성·두뇌·교육 프로그램을 진행하고 있는 토드 로즈 교수 역시 자신에게 맞는 방법의 중요성을 역설한다. 로즈 교수는 중학교 때 ADHD(주의력 결핍 과잉행동장애) 진단을 받고 성적 미달로 고등학교를 중퇴했지만 자신이 남과 다른 점에 주목해 박사후과정까지 마칠 수 있었다. 로즈 교수는 저서《평균의 종말》에서 GRE 시험((미국의 대학원 입학 자격시험)을 통과할 수 있었던 방법을 이야기했다. GRE의 분석적 추론 영역에서 강사의 학습 방법에 따라 공부했지만 여전히 성적이 나아지지 않아 고민하던 그에게 아버지가 남들 다 하는 방법대로 할 것이 아니라 그만의 장점을 이용하라고 권유했다고 한다. 시각적 사고가 뛰어나니 시각적 사고에 의한 풀이 방법을 이용하라는 아버지의 충고였다. 로즈 교수는 공부 방법을 바꾸고 나서야 많은 사람들이 효과를 본 방법이라고 해서 자신에게도 효과가 있는 것이 아니고 자신에게 맞는 방법이 따로 있음을 알게 되었다.

로즈 교수의 일화처럼, 사람마다 자신에게 맞는 방법이 따로 있기 때문에 이것저것 시도해 보는 기회를 아이들에게 갖게 하는 것이 중요한 것 같다. 이때 부모의 역할은 아이를 재촉하지 않고 여러 방법을 시도할 수 있게 옆에서 동기를 북돋아주는 것이라고 생각한다.

02 사전을 활용하라

외운 단어를 잊지 않는 방법

어떻게 하면 단어를 쉽게 외울 수 있을까, 라고 고민하는 것도 중요하지만, 더 중요한 것이 하나 있다. 한번 외운 단어를 잊어버리지 않는 방법에 대한 해법을 찾는 것이다. 이 문제는 수인이가 스펠링비를 시작하고 내게 주어진 큰 숙제였다. 나는 여러 방법을 시도해 보다가 내 나름대로의 해법을 찾았다.

첫 번째로, 단어를 제대로 익히기 위해서는 단어의 정확한 발음을 알아야 한다. 특히 스펠링비 대회는 단어를 듣고 철자를 맞추는 방식이라 단어를 알아듣는 것이 중요하다. 종이 사전으로 단어를 찾아 발음기호를 보는 것도 좋지만, 나는 수인이에게 인터넷이나 사전 애플리케이션을 찾아 원어민의 발음을 들어보도록 했다.

사전 사이트

- 네이버 영어사전: https://endic.naver.com
- 다음 영어사전: https://dic.daum.net/
- Merriam-Webster: https://www.merriam-webster.com/
- Dictionary.com: https://www.dictionary.com
- 영어 동의어 사전: https://www.thesaurus.com

두 번째로 예문 읽기와 예문 듣기다. 예문 읽기와 예문 듣기는 내가 가장 중요하게 생각하는 방법이다. 단어가 문장에서 어떻게 쓰이고 어떻게 발음되는지 아는 데는 예문보다 더 좋은 것이 없다는 것이 지난 몇 년간의 경험으로 내린 결론이다. 무엇보다도 단어만 공부할 때와 달리 예문을 통해 단어를 익히면 맥락을 통해서 단어의 뜻을 정확하게 파악하는 데 큰 도움이 된다. 확실히 그냥 단어와 발음을 외울 때보다는 예문을 듣고 원어민의 발음을 듣고 따라 읽으면 기억할 때 큰 차이가 난다. 대부분의 사전 사이트나 애플리케이션에서 원어민의 발음으로 예문을 들을 수 있으므로 잊지 말고 예문도 챙겨 듣자.

마지막으로, 품사를 파악하게 했다. 영어 품사로는 명사와 동사, 형용사, 부사, 대명사, 전치사, 접속사, 감탄사가 있다. 품사는 공통된 성질의 단어를 분류한 것이다. 단어들이 모여서 문장이 되고, 각 품사의 단어가 문장에서 하는 역할이 정해져 있기 때문에 품사를 이해하면 문장을 이해하게 된다. 특히 스펠링비 대회에서는 무대에서 출제된 문제의 힌트를 얻기 위해 품사를 물어볼 수 있다. 품사를 알게 되면 단어의 쓰임을 알 수 있어서 철자 맞추는 데도 도움이 된다.

품사를 알기 위해서 'apple = 명사'라는 식으로 달달 외울 필요는 없다. 외우는 것보다는 사전을 찾아서 품사를 파악하고 문장에서의 쓰임을 아는 것이 더 중요하다. 단어를 사전에서 찾으면 수록된 예문을 보고 그 단어가 어떤 역할을 하는지 파악해 본다. 예를 들어, 단어와 예문을 별도의 노트에 정리한다면, 문장에서 그 단어에 형광펜을 칠하는 것이다. 단어의 품사에 익숙해지면 문장에서 각각의 단어를 품사를 구분해 표시하는 것도 좋다. 다음과 같이 문장에서 품사를 구별하면 시각화하는 효과가 있어서 각 품사의 단어가 다른 품사의 단어와 어떻게 연결되는지 파악할 수 있다.

My brother ate a red apple.
내 남동생은 빨간 사과를 하나 먹었다.

⬇

My brother ate a red apple.
brother: 명사 / ate: 동사 / red: 형용사 / apple: 명사

My sister and I ate a green apple each.
나와 내 여동생은 초록색 사과를 각각 하나 먹었다.

⬇

My sister and I ate a green apple each.
sister: 명사 / and: 접속사 / ate: 동사 / green: 형용사 / apple: 명사 / each: 부사

파생어를 파악하라

단어의 파생어를 알면 철자를 기억하는 데 도움이 된다. 어휘가 파생될 때는 일정한 어미 변화가 있다. -ness, -sion, -tion, -ment 등으로 끝나면 대부분 명사이고, -ful, -ive, -cal, -tic, -fic, -ous 등으로 끝나면 대부분 형용사이다. 또한 -ly로 끝나면 대부분 부사다. 예를 들어, satisfaction은 다음과 같은 네 가지 형태가 있다.

- 명사: satisfaction(만족)
- 동사: satisfy(만족시키다)
- 형용사: satisfying(만족스러운) / satisfied(만족하는)
- 부사: satisfyingly(만족시킬 만큼)

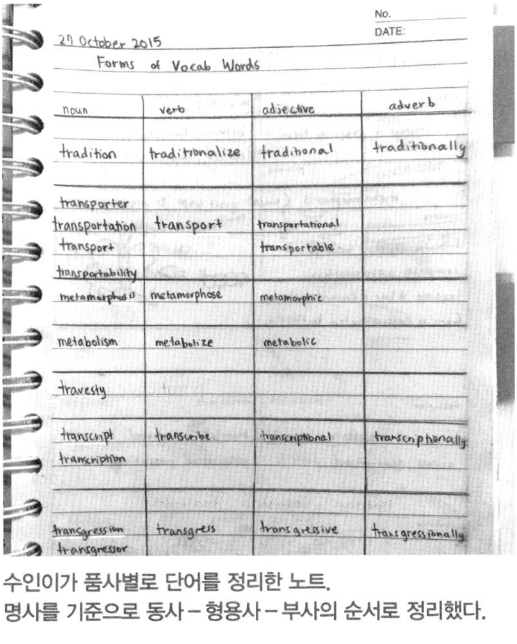
No.
DATE:
27 October 2015
Forms of Vocab Words

noun	verb	adjective	adverb
tradition	traditionalize	traditional	traditionally
transporter transportation transport transportability	transport	transportational transportable	
metamorphosis	metamorphose	metamorphic	
metabolism	metabolize	metabolic	
travesty			
transcript transcription	transcribe	transcriptional	transcriptionally
transgression transgressor	transgress	transgressive	transgressionally

수인이가 품사별로 단어를 정리한 노트.
명사를 기준으로 동사 – 형용사 – 부사의 순서로 정리했다.

단어를 각각 외우게 하는 것이 아니라 기준이 되는 단어와 파생어를 알아두면 어휘가 확장된다. 약간 어렵지만, 각 파생어의 형태를 알아둘 때는 기준이 되는 콘셉트 명사와 사람을 지칭하는 명사, 형용사, 동사를 같이 알아두면 어휘를 확장하는 데 좋다. 예를 들어, analysis(분석)이라는 콘셉트 명사와 함께 사람 명사 analyst(분석가, 애널리스트), 형용사 analytical(분석적인), 동사 analyze(분석하다)를 같이 알아두는 식이다.

콘셉트 명사	사람 명사	형용사	동사
achievement (성취, 업적)	achiever (성취한 사람)	achieved (성취한)	achieve (성취하다)
addiction (중독)	addict (중독자)	addictive/addicted (중독성의/중독된)	to become addicted (중독되다)
admiration (존경, 감탄)	admirer (숭배자)	admired/admiring (존경한/존경하는)	admire (존경하다)
advertisement (광고)	advertiser (광고자)	advertised (광고한)	advertise (광고하다)
advice (조언, 충고)	adviser (충고자, 조언자)	advisory (자문, 권고)	advise (조언하다)

03 철자 규칙을 이해하자

철자에는 규칙이 있다

중학교 시절, 영어 단어 시험은 항상 공포의 대상이었다. 단어를 노트에 쓰고 또 쓰고 외웠지만 왜 그리 어려웠던지……. 달리 외울 방법이 있을 거라고 생각하지 못했고 그 탓에 다른 방법을 찾을 생각도 못했다.

수인이와 함께 스펠링비를 준비하면서 영어 단어들을 가만히 살펴보니 중학생 때는 보이지 않던 몇 가지 법칙이 보이는 것 같았다. 예를 들어, '부분'이라는 뜻의 단어 portion의 [션]이라는 발음의 철자는 -tion이다. 그리고 '만화영화'라는 뜻의 animation 역시 철자가 -tion으로 끝나고 [션]으로 발음된다. 또 다른 예로, '시력'을 뜻하는 vision에서 -sion의 발음은 [젼]이다. '결론'이라는 뜻의 conclusion도 -sion으로 끝나고 [컨클루젼]으로 발음된다. 따라서 단어가 [션]으로 발음될 때는 -tion으로, [젼]으로 발음될 때는 -sion으로 철자를 유추할 수 있다.

다른 단어들을 살펴보다 보니, 철자 q 다음에는 대체로 u가 따라온다는 것도 알게 되었다. 예를 들면, '여왕'을 뜻하는 queen에서도 q 다음에 u가 따라오고, 질문이라는 뜻의 question에서도 q 다음에 u가 따라온다. 이 외에도 이 규칙이 적용되는 단어로는 quick(빠른), quite(상당히, 꽤), request(요청), require(필요하다), equal(동일한), aquarium(수족관), earthquake(지진) 등이 있다.

다음 페이지에는 알아두면 좋은 영어 철자 규칙들을 정리했다. 처음부터 철자 규칙을 외우려고 하지 말고, 규칙에 해당하는 단어들을 찾아가면서 차근차근 이해하면 좋다.

철자 규칙

01 모든 단어(word)에는 적어도 모음이 하나 있다.

ex. me(나)

02 모든 음절(syllable)에는 모음이 하나 있다.

ex. im/port/ant(중요한, 3음절 단어)

03 c는 [k] 또는 [s]로 발음된다.

1) c가 e, i, y 앞에 올 때는 [s]로 발음된다.

ex. cent(센트, 100분의 1달러), city(도시), cycle(자전거)

2) 그 외의 철자 앞에 올 때는 [k]로 발음된다.

ex. cat(고양이), clip(핀)

04 g는 [g] 또는 [j]로 발음된다.

1) g가 e, i, y 앞에 올 때는 [j]로 발음된다.

ex. gem(보석), giant(거인), gym(체육관)

2) 그 외의 철자 앞에 올 때는 [g]로 발음된다.

ex. garden(정원), glad(기쁜)

05 q 뒤에는 항상 u가 온다.

ex. queen(여왕), quit(그만두다)

06 모음이 1개 있는 1음절 단어의 끝에 f, l, s가 올 때는 자음을 두 번 쓴다.

ex. stiff(뻣뻣한), spell(철자; 철자를 말하다), pass(지나가다)

07 단어의 끝에 [k] 발음이 날 때는 ck 또는 k를 쓴다.

1) 단모음 뒤에서는 ck를 쓴다.

ex. sick(아픈)

2) 그 외에는 k를 쓴다.

ex. milk(우유)

08 이름의 첫 철자는 대문자로 쓴다.

English Note

혼동하기 쉬운 단어

철자를 틀리는 것은 영어를 배우는 우리에게만 해당하는 일은 아니다. 영어를 모국어로 쓰는 사람들조차도 예외가 아니다. 다음의 단어들은 철자를 혼동하기 쉬운 단어들로, 성인들도 학교 다닐 때 배운 단어들이지만 막상 철자를 생각하려고 하면 머릿속에 명확하게 떠오르지 않는 단어들이다. 아이들 역시 이런 단어를 배울 때 헷갈리기 쉽기 때문에 미리 대칭되는 단어를 함께 배우는 것도 도움이 된다. 단, 한 번에 다 외우지는 말자.

- advice(명사: 충고) – advise(동사: 충고하다)
- allusion(암시) – illusion(오해; 환상)
- amoral(도덕 관념이 없는) – immoral(비도덕적인)
- affect(동사: 영향을 미치다) – effect(명사: 영향, 효과)
- averse(싫어하는, 반대하는) – adverse(부정적인, 불리한)
- biannual(연 2회의) – biennial(2년에 한 번씩의)
- breath(명사: 입김, 숨) – breathe(동사: 숨을 쉬다)
- compliment(명사: 칭찬) – complement(동사: 보완하다, 덧붙이다)
- desert(사막) – dessert(디저트)
- disinterested(공평한, 사심이 없는) – uninterested(무관심한, 냉담한)
- emigrate(자국에서 다른 나라로 이민하다) – immigrate(다른 나라로 이주해 오다)
- later(나중에; 나중의) – latter(후자의)
- loose(형용사: 헐거워진) – lose(동사: 잃어버리다; 시합에서 지다)
- marital(결혼 생활의) – martial(싸움의, 전쟁의)
- perspective(명사: 관점, 시각) – prospective(형용사: 장래의, 유망한)
- proceed(진행하다) – precede(~에 앞서다)
- proscribe(금지하다) – prescribe(처방을 내리다)
- quiet(형용사: 조용한) – quite(부사: 꽤, 상당히)
- recall(기억해 내다; 회수하다) – recount(이야기하다)

04

어원을 이해하면 단어가 쉬워진다

어원을 활용한다

바게트(baguette), 팔레트(palette), 부토니에르(boutonnière), 샹들리에(chandelier) 등의 단어들을 듣고 이 단어들이 프랑스어에서 온 단어들이 아닐까라고 추측했다. 게트(guette), 레트(lette), 니에(nnier), 리에(lier) 등 끝 철자들이 내가 가끔 들었던 프랑스의 단어들과 비슷했기 때문이다. 그래서 스펠링비를 준비하며 단어들을 어원별로 그 특징을 찾아 정리하기 시작했다.

처음에는 내가 아는 단어들을 우선 적고 나서 그와 유사한 발음의 단어들을 찾았다. 예를 들어, '호호바 오일'이나 '산호세(미국 캘리포니아의 도시)'를 들을 때는 스페인어를 떠올리게 된다. 특히 이 단어들을 읽을 때 실수를 많이 한다. 호호바의 철자는 'jojoba'이고, 산

호세는 'San Jose'라고 쓰기 때문이다. 영어에서는 [호]로 발음하는 철자 'h'를 스페인어에서는 'j'로 쓴다. 또한 음식 이름 중에서 부리토(burrito), 토틸라(tortilla), 케사디아(quesadilla)와 같이 접미사 -rrito, -tilla, -dilla처럼 자음이 두 개씩 겹치는 단어들도 있다.

나와 수인이는 평소에 알고 있거나 궁금한 단어들을 먼저 찾아서 적었는데, 나중에는 재미가 있어서 자연스럽게 다른 어원들도 눈여겨보게 되었다. 아이슬란드에 갔을 때의 일이다. 아이슬란드 수도는 '레이카빅'으로 영어로는 Reykjavik이라고 표기한다. '레이카빅'을 발음하는 중에 [캬]를 영어로 'kya'로 쓰지 않고 'kja'로 표기하는 것을 보고 호기심이 생겼다. 아이슬란드어를 모르지만 사람들이 말할 때 유심히 들어 보고 상황에 맞춰 봤더니, 아이슬란드어의 'j'가 영어의 'y'에 해당하는 것이었다. 아이슬란드 사람들은 긍정의 대답인 Yes를 말할 때 '야우(já)'라고 한다.

아이슬란드어 발음을 아주 흥미롭게 지켜보다 보니 아이슬란드어의 특징을 몇 개 더 알게 되었다. 보통 [빅]이라는 발음을 영어로 적으면 두 가지 경우가 생긴다. 하나는 vick이라고 쓰는 것이고 다른 하나는 vik이라고 쓰는 것이다. 그런데 아이슬란드어에서는 [이크]라는 발음이 나는 단어의 철자를 적을 때 'ik'이라고 적는다. 예를 들어, '케플라빅(Keflavík)'와 '그린다빅(Grindavík)'이라는 도시가 있는데, 이때도 [빅]의 발음이 'vik'으로 표기된다. 이런 재미있는 사실을 발견하고 나면 저절로 더 알고 싶어진다. 나와 아이들은 이 사실에 대해서 서로 이야기했고, 그 후에 현지인인 거래처 직원에게 우리의 추측이 맞는지 확인했다. 이런 과정을 거치면서 나와 아이들은 언제 어디서든 단어를 보고 뭔가 특이점이 있으면 찾아서 알아내는 즐거움을 느끼게 되었다. 그 후, 미국 본선 스펠링비 대회에서 '레이캬빅'이라는 단어가 문제로 출제되었을 때, 나와 옆에 앉아 있던 둘째 다현이는 얼굴을 마주 보고 웃었다.

단어를 해체한다

나와 수인이는 어원별로 나눠서 단어를 정리하기 시작했고 어원을 알면 알수록 단어를 이해하기 쉬워졌다. 예를 들어, '재난, 참사'라는 뜻의 disaster는 16세기에 처음 영어에 쓰이기 시작했다. 이 단어는 이탈리아의 고어인 disastro에서 왔는데, disastro는 '누군가의 별에 호의적이지 않은(unfavorable to one's stars)'이라는 뜻이다. 얼핏 보기에는 재난이라는 뜻의 단어 disaster는 별과 관련이 없어 보인다. 하지만 어원을 자세히 살펴보면 그 이유를 알 수 있다.

dis	+	astrum
apart(떨어져, 헤어져) (부정의 라틴어 접두사)		star(별) (라틴어 어근)

어원을 살펴보면, 재난(disaster)은 별이나 행성의 불길한 영향에서 초래되는 것이라는 의미이다. 이때 star(별)라는 뜻의 라틴어 어근 astrum은 우리가 흔히 아는 astronomy(천문학)에서도 찾아볼 수 있다. 이렇게 어원을 알면 의미를 이해하기 쉬워지고 단순히 단어

와 뜻을 암기할 때와 달리, 단어에 대한 맥락이 있기 때문에 기억에도 오래 남는다.

인터넷에서 영어 어원을 찾아보려면, Online Etymology Dictionary(https://www.etymonline.com)를 추천한다. 이 사전 사이트는 어원 위주로 정리되어 있어서, 단어의 어원을 찾아보기 쉽다. 그 외에도 구글에서 단어에 word origin이나 etymology를 넣어 같이 검색하면 단어의 어원이 나온다. 예를 들어, '*god* word origin' 또는 '*god* etymology'라고 검색하면 god에 대한 어원을 찾아볼 수 있다. (어원에 대해서는 4장에서 좀더 알아본다.)

시각적으로 어원을 이해할 수 있는 방법으로 영화를 하나 추천한다. <아키라 앤 더 비(Akeelah and the Bee)>는 11세 소녀 아키라 앤더슨(Akeelah Anderson)이 미국 내셔널 스펠링비 대회에 도전하며 성장하는 내용의 영화다. 이 영화에서는 실제 대회가 어떻게 진행되는지 볼 수 있을 뿐만 아니라 어휘 학습에 대한 힌트도 얻을 수 있다. 아키라가 대회를 준비하는 동안 코칭을 맡은 조슈아 라라비 교수(로렌스 피시번 분)는 아키라에게 단어를 어원으로 해체해서 보여줌으로써 어원의 중요성을 일깨운다. 바로 'big words(어렵고 긴 단어들)'는 그 단어를 이루는 'little words(작은 단어들)'에서 온다는 것이다. 영화에서 예시된 단어는 soliterraneous(태양과 지구에 관한)로, sol(sun, 태양) + terraneous(terrain, 지형)이 합쳐진 것이다. 아이들이 어원이 무엇인지 이해하기 힘들어 한다면 이 영화를 같이 보는 것도 좋을 것 같다. 이 영화를 보면 단어가 단순히 철자의 무의미한 나열이 아니라는 것을 알 수 있다.

제2외국어를 배운다

2014년 5월에 처음으로 미국 내셔널 스펠링비 대회를 참관하면서, 어원의 중요성에 대해 깊이 인식하게 되었다. 어원 공부와 함께 수인이의 어휘 실력을 향상시킬 방법을 찾다가 외국어를 하나 더 배우면 좋겠다는 생각이 들었다. 영어에 영향을 미친 언어들인 라틴어와 그리스어, 프랑스어, 독일어, 이탈리아어 중에서 어떤 언어를 수인이에게 가르치면 좋을지 고민하다가 독일어를 선택했다. 영어에는 라틴어와 그리스어에서 유래한 단어들이 많지만, 내 생각으로는 독일이 지리적 위치상 인접 국가가 많아서 여러 언어의 영향을 많이 받았을 것 같았다. 독일어를 배우면 여러 언어를 한번에 배우는 효과가 있을 것 같다는 순전히 개인적인 생각에서 내린 결정이었다.

그해 여름방학을 이용해서 수인이에게 회화 중심이 아니라 문법과 철자, 발음 위주로 독일어를 배우게 했다. 교재를 정해서 진도를 나가는 방식보다는 흥미 위주로 철자와 발음을 익히는 방식으로 공부하게 했고, 그 덕분에 수인이가 어원에 더욱 흥미를 가질 수 있었다.

독일어라고 하면 아주 낯설게 느껴지지만, 우리가 흔히 쓰는 '배낭, 쌕'도 독일어에서 온 단어다. 현재는 흔히 backpack이라고 부르는데, 원래는 'back(등)+sack(bag)'이라는 독일어 단어 'rücksack'

으로 backpack은 19세기 중반부터 영어권에서 등산가들의 글에 쓰이기 시작했다. 또 다른 예로 noodle(국수)이 있다. noodle이라고 하면 우동(udon)이나 라면(rice noodles)이 떠올라서 아시아권의 단어라고 생각하기 쉬운데, 이 단어의 어원은 독일어 'nudel'이다. nudel은 독일어에서 파스타를 뜻하는 단어로, 1779년에 영국에서 pasta보다 먼저 쓰였다.

하늘 아래 새로운 것은 없다는 말이 있다. 마찬가지로, 어휘 역시 어느 날 갑자기 하늘에서 쏟아진 운석이 아니다. 고대부터 여러 민족의 사람들이 교류하며 영향을 주고받으면서 오늘날의 언어가 되었다. 영어 외에 외국어를 하나 더 배운다면, 새로운 단어를 학습함으로써 어휘의 폭이 확대될 뿐만 아니라 어휘에 얽힌 전반적인 지식이 늘어나서 사고의 폭도 확대된다. 다른 문화를 접함으로써 우리 자신도 약간 객관적인 시선으로 바라볼 수 있는 기회도 생긴다. 더불어, 새로운 언어를 배울 때마다 처음 새 언어를 배울 때보다는 쉽다는 것을 느낄 수 있다. 새로운 언어라도 해도 언어를 배우는 과정이 동일해서 자신에게 더 효과적인 학습법을 찾아내기 때문이다.

05 잡지와 뉴스를 활용하라

잡지와 뉴스로 단어 이해도를 높이다

수인이가 스펠링비를 시작하고 부딪친 문제들 중 하나는 스펠링비에 출제되는 단어들이 어렵다는 점이었다. 초등학생인 수인이가 접해 보지 못했던 단어들이 대다수인데다, 수인이 나이대의 아이들이 자주 사용하지 않는 단어들이 많았다. 예를 들어, 황달(jaundice), 성층권(stratosphere), 골상(physiognomy) 등의 단어들은 초등학교 저학년 학생에게는 수준이 높았다.

수인이의 단어 이해력을 높이기 위해서 내가 생각한 방법은 영어 잡지를 읽고 영어 방송을 듣게 하는 것이었다. 앞서 말했듯이, <타임>과 <내셔널 지오그래픽> 등의 잡지를 읽게 하거나, CNN 방송을 보면서 아나운서의 정확한 발음을 듣게 했다. 다행히 집에서 도서관이 가까워서 보통 토요일에 수인이와 함께 가서 영어 잡지를 같이 봤다. 수인이는 모르는 단어를 노트에 적어 뒀고, 집에 와서 그 단어들을 찾아서 뜻과 예문을 정리했다. CNN 뉴스도 마찬가지로, 수인이는 시간이 될 때 시청하면서 모르는 단어는 적었다가 나중에 찾아봤다.

수인이처럼 특정 시험을 준비하기 위해 난이도 높은 어휘를 공부하는 상황이 아니라면, 일반적으로는 아이들에게 쉬운 단계의 영어 잡지와 뉴스부터 접하게 하는 것을 추천한다. 영미권에는 아이들을 대상으로 하는 잡지와 뉴스 사이트가 많고, 잡지와 뉴스 채널을 통해서 소식을 접하면 세계의 흐름을 알 수 있는 장점도 있다. 예를 들어, Time for Kids(https://www.timeforkids.com)에서는 학년별로 4단계의 난이도로 기사가 분류되어 있고, 분량도 단계에 따라 1단락이나 2단락에서 점차 여러 단락(250~300단어)으로 늘어난다. 〈내셔널 지오그래픽〉 잡지도 어린이 버전이 따로 있다.

영어 뉴스로는 미국 정부가 전 세계의 청취자를 향해 방송·운영하는 국제방송인 Voice of America(VOA)를 추천한다. 특히 VOA에서 제공하는 Learning English(https://learningenglish.voanews.com)에서는 전문 성우의 오디오 파일과 스크립트를 무료로 얻을 수 있다. 조금 난이도를 높이고 싶다면, CNN 10(https://edition.cnn.com/cnn10)을 추천한다. 예전에 방송되던 CNN Student News를 대체한 프로그램인 CNN 10에서는 전세계 뉴스를 방영하는 10분짜리 비디오와 무료 스크립트를 볼 수 있다. 어린이 팟캐스트도 찾아보면 좋은 학습자료가 된다. Wow in the World(https://www.npr.org/podcasts/510321/wow-in-the-world)에서는 '강아지와 이야기하는 법', '마시멜로우 효과', '눈썹의 진화' 등 과학과 기술에 관한 다양하고 신기한 에피소드를 소개한다. 각 기사를 클릭하면, 영어 방송을 직접 들을 수 있고 스크립트도 찾아볼 수 있다.

06 마인드 컨트롤 방법을 익혀라

제 실력을 발휘하려면 마인드 컨트롤이 필요하다

유치원 재롱잔치 무대에서 가만히 서 있거나 울어버리는 아이들이 있다. 바로 앞에서 선생님이나 부모가 아무리 독려해도 그동안 했던 연습이 무색할 정도로 아이들이 아무 동작도 하지 않는 것은 긴장했기 때문이다. 긴장감을 느끼는 것은 어른이라고 해도 크게 다르지 않다. 사람들은 보통 낯선 장소에 있거나 많은 사람들 속에 있으면 긴장하기 마련이다. 더구나 많은 사람들의 시선을 받으며 무대 위에서 발음을 듣고 철자를 맞추는 일은 절대 쉽지 않다. 긴장해서 아는 단어도 생각나지 않을 정도인데, 모르는 단어가 출제되면 참가자는 더욱 더 초조해진다.

나는 무대 위에 서 있는 수인이의 표정과 스피커에서 들리는 목소리만으로도 수인이가 그 단어를 확실히 아는지, 아니면 알 것 같은데 확인하려고 출제자에게 확인하기 위해서 자신의 발음이 맞는지 물어보는지, 전혀 모르는 단어여서 당황하고 있는지 알 수 있다. 스펠링비 대회에서는 혹시 모르는 단어가 나오더라도 자신이 알고 있는 어원과 철자 규칙 등에 따라서 철자를 조합해 단어를 충분히 유추할 수 있다. 따라서 긴장하지 않고 마인드 컨트롤만 잘 하면 모르는 단어도 맞출 수 있는 것이다. 대회에 참가하면 할수록 나는 수인이가 무대 위에서 제 실력을 발휘하기 위해서는 마인드 컨트롤 방법을 익혀야 한다고 생각했다. 마인드 컨트롤 방법을 익히면 스펠링비 대회뿐만 아니라 수인이가 자라면서 치러야 하는 여러 시험에도 도움이 될 것 같았다.

나는 수인이에게 무대에 오르기 전에 항상 심호흡을 크게 하고 마음을 차분히 가라앉히라고 조언했다. 처음에는 방청객들의 시선에 동요하지 말고 사람들의 얼굴을 쳐다보는 것이 부담스러우면 사람들 정수리 위로 시선을 두라고 권했다. 긴장을 줄이면서 철자를 조합하는 연습을 어떻게 하면 될지 그 방법을 생각하던 중에, 학창 시절에 무대 위나 단상 앞에서 발표하던 내 모습이 떠올랐다. 나는 떨리는 마음을 진정시키기 위해서 사람들 정수리 위를 바라봤다. 발표 내용을 잊지 않기 위해서 사람들 정수리 위에 백지가 놓여 있다고 생각하고, 그 위에 스크립트 화면이 있는 것처럼 눈앞의 허공에서 그 스크립트를 읽어 내려가는 방법을 썼다. 나는 내 경험을 수인이에게 들려 줬다. 수인이는 내 경험을 응용해서 백지

위에 영어 철자를 올려놓고 이리저리 조합하여 맞추는 연습을 했다. 백지에 철자를 쓰듯이 연상하는 방법이다. 수인이가 이용한 연상 방법은 누구에게나 유용한 것은 아니다. 거듭 말하지만 각자 자신에게 맞는 방법을 찾아야 한다.

단어를 외우고 조합하는 방법에는 여러 가지가 있는데, 그중에서 종이에 손으로 적으며 단어를 외우는 학생들이 더러 있다. 하지만 스펠링비 무대에는 아무것도 가지고 올라갈 수 없기 때문에 그런 습관이 있는 참가자들은 손바닥이나 본인의 번호표에 손가락으로 쓰며 철자를 말하기도 한다. 수인이도 그 방법을 시도해 봤지만 맞지 않았다. 수인이와는 달리, 둘째 다현이는 무대 위에서 손바닥에 써 내려가며 철자를 맞췄다.

스펠링비에 도전하는 사람은 각자 자신에게 맞는 방법을 찾아 단어를 외우고 조합해 철자를 맞추는 연습을 하는 것이 좋다. 스펠링비 방청객들 중에는 참가자의 어린 동생들을 데리고 온 부모들이나 갓난아기를 데리고 온 부모들도 있기 때문에 출제자가 단어를 발음하는 순간에도 소란스러울 때가 있다. 그런 상황에서도 문제에 집중할 수 있도록 수인이에게 마인드 컨트롤 방법을 연습하라고 조언했던 것이다. 이 조언은 무대뿐만 아니라 일상 생활에서도 유용하게 활용되었다.

우리 집은 수인이와 나이가 네 살, 다섯 살 차이가 나는 연년생 동생들이 있어서 조용한 날이 별로 없다. 나는 세 아이를 보기 위해서 음식을 준비하거나 설거지를 할 때 식탁에 모두 앉혀 두고 숙제나 책 읽기를 하도록 시키는 편이다. 옆에서 동생들이 떠들거나 부산스럽게 움직여도 수인이는 숙제나 책 읽기에 몰두했다. 한번은 수인이에게 물은 적이 있다. "수인아, 숙제 하거나 책 읽을 때 정신 없지 않니?" 수인이는 괜찮다고 대답하며 주위 환경에 신경 쓰이지 않는다고 덧붙였다. 스펠링비 무대를 위해서 연습했던 마인드 컨트롤이 본인이 집중해서 숙제를 하거나 책을 읽을 때도 발휘되는 것이다.

마지막으로, 시험 전이나 무대 위에 오르기 전, 발표회 전에 나는 항상 사탕이나 초콜릿 등 달콤한 간식을 준비했다. 달콤한 것을 혀로 굴리며 잠시 긴장감을 털어낼 수도 있고, 단 음식이 들어가면 순간적으로 기분이 좋아지기 때문이다. 그리고 당류가 두뇌 회전을 빠르게 하는 연료가 되지 않을까, 라는 주관적인 생각에서 준비한 것이다. 내가 아이를 대신해 시험을 치르거나 발표회 무대에 대신 서줄 수 없기 때문에 마지막 단계에서 뭐라도 해주고 싶은 것이 엄마의 마음이다.

오늘 시작하지 않은 일은
결코 내일 끝낼 수 없다.

– 요한 볼프강 폰 괴테, 독일의 시인이자 극작가

2부

스펠링비 챔피언에 도전하다

3장

단어는 치열한 승부의 세계다

Timeline: 정수인의 도전

2010년

- 만 7세에 시작
- 11월 교내 스펠링비 대회에서 1학년 대표로 발탁
- 12월 광주 지역 예선 출전

2011년

- 11월 교내 스펠링비 대회에서 2학년 대표로 발탁
- 12월 각축전 끝에 광주 지역 예선 2학년 챔피언 수상

2012년

- 2월 한국 내셔널 스펠링비 결선 최연소 출전(초등학교 2학년)

2013년

- 2월 한국 내셔널 스펠링비 결선 출전
  (둘째 다현이도 교내 스펠링비 1학년 대표로 지역 예선에 출전)

2014년

- 2월 한국 내셔널 스펠링비 결선 출전, 2등 수상
  (2등 수상으로 미국 내셔널 스펠링비 참관권 획득)
- 5월 미국 내셔널 스펠링비 대회 참관
- 11월 교내 스펠링비 대회 5학년 대표로 발탁
  (막내 동우가 1학년 대표로 지역 예선에 같이 출전)

2015년

- 2월 한국 내셔널 스펠링비 결선 출전, 챔피언 수상
- 5월 미국 내셔널 스펠링비 대회 출전(SBS 〈생방송 투데이〉 '지구촌 최대 영어 축제, 나는 국가대표다(1424회)' 편에 방영)
- 11월 3남매 교내 학년 대표로 발탁
- 12월 3남매 광주 지역 예선에 출전

2016년

- 2월 한국 내셔널 스펠링비 결선 출전, 2등 수상
  (둘째 다현이와 동반 출전)
- 5월 두 번째로 미국 내셔널 스펠링비 대회 출전

2018년

- 5월 세 번째로 미국 내셔널 스펠링비 대회 출전

01 어휘 실력이 향상되다

자연스럽게 단어와 친해지다

스펠링비(Spelling Bee)는 한국어로 '단어 철자 맞추기 대회'라고 말할 수 있다. 여기서 철자는 무엇인가? 철자는 단어를 만드는 요소다. 철자가 모여서 단어가 된다. 그럼 단어는 무엇인가? 단어는 우리가 쓰는 문장의 요소다. 단어가 모여서 문장이 된다. 따라서 단어의 철자를 제대로 알아야 단어를 완벽하게 내 것으로 만들 수 있고, 이 단계를 거쳐야 언어 실력이 향상된다. 어렸을 때는 한국어로 가나다라를 배워서 단어를 만들고 그 단어로 문장을 만들어 세상에 목소리를 내는 것처럼, 스펠링비 대회를 준비하면 한 단어씩 새롭게 알게 될 뿐만 아니라 소리를 내어 말하는 훈련을 하게 된다.

우리는 흔히 영어를 배우기 위해 단어를 무조건 외운다. 무조건 외우는 방식이 나쁘다고만은 할 수 없다. 억지로 단어를 외우더라도 영어 실력이 늘기 때문이다. 하지만 이렇게 외운 단어를 확실하게 안다고 말할 수는 없다. 단어만 외우는 것은 단기 기억에 지나지 않는다. 단어를 완벽히 내 것으로 만들기 위해서는 단어만 외워서는 안 된다. 문장에서 단어가 어떻게 쓰이는지 그 용례를 알고 직접 문장에 넣어 조합할 수 있어야 단어를 완전히 마스터했다고 할 수 있다. 단어를 문장에 넣어 쓸 수 있다는 것은 단어의 뜻을 알고 품사를 알고 어느 상황에서 그 단어가 사용되는지 안다는 것을 증명하는 것이기 때문이다.

스펠링비를 공부하다 보면 자연스럽게 단어와 친해진다. 실용성 있는 고급 단어뿐만 아니라 각 어원의 특징이 잘 드러난 단어들도 맛볼 수 있다. 스펠링비 대회에 대비하려면, 일반 단어는 기본적으로 다 익혀야 하고 그 다음 단계로 '새로운' 단어들을 중점적으로 공부해야 한다. 처음 보는 음식이나 식물, 동물 등의 용어가 자주 출제되므로 아는 단어가 늘어나는 것은 물론이거니와 일반 지식의 수준까지 높아진다. 만 7세에 스펠링비에 출전했을 때와 지금을 비교하면, 어휘력이 상당히 차이가 날 뿐만 아니라 어휘를 통해 얻게 된 주변 지식도 상당히 많다. 내가 이렇게 스펠링비의 장점을 예찬하는 이유가 있다. 내가 앞으로 소개하는 방법들을 연구하고 스스로 찾아내면서 어휘력을 비롯하여 발음과 읽기, 글쓰기에 관련한 실력이 아주 많이 향상되었기 때문이다.

처음 보는 단어도 유추할 수 있다

이 세상에 존재하는 단어들은 셀 수 없을 만큼 많다. '그 수많은 단어들을 어떻게 다 알 수 있을까?', '단어들이 모두 비슷한 형태이면 좋을 텐데, 왜 굳이 이상한 철자가 뒤섞인 단어들이 많은 걸까?' 스펠링비를 준비하면서 이런 의문들이 생겼다. 특히 한 번도 보지 못했던 신기한 단어들을 접할 때마다 어떻게 저렇게 철자가 조합되지, 라는 생각도 들었다. 예를 들어, Beetewk(러시아 짐수레 말 품종), pfeffernuss(향신료가 있는 맛있는 비스켓으로, 가끔 크리스마스 때 먹는다), niaouli(25미터 높이의 관목으로, 나무 껍질이 종이 같다고 해서 paper bark tea tree 라고도 불린다), iridocyclitis(홍채모양체염) 같은 단어들은 그냥 딱 봐도 이상하게만 보인다.

이상하기도 하고 한편으로는 신기하기도 한 단어들을, 그것도 특정 패턴이 없는 단어들을 왜 외워야 하지, 라는 의문이 들었지만, 처음에는 출제 단어들이니까 외우자는 생각으로 외웠다. 실생활에서는 자주 사용되지 않는 용어들이지만, 단어는 다 쓰임이 있기 마련이라는 것을 나중에 알았다. 단어를 깊이 알면 알수록 그 단어의 유래나 배경 지식도 같이 알게 되면서 학교에서는 배우지 못했던 내용도 저절로 익히게 되었다. 따로 책을 찾아서 배운 지식이 아니라, 스펠링비를 통해서 다른 세계에 있는 듯한 단어들을 접함으로써 따라온 지식이었다.

모든 스펠링비 대회에서는 라운드가 올라갈수록 출제 단어의 난이도가 높아진다. 특히 준결승전과 결승전의 단어 난이도는 눈에 띄게 다르다. 이때는 어원과 단어 패턴도 중요하지만 철자를 유추하는 능력이 정말 중요하다. 단어만 많이 외워봤자 소용이 없다. 자신이 외운 똑같은 단어가 나오지 않으면 맞추지 못하는 참가자들도 있다. 따라서 처음 듣는 단어도 유추할 수 있는 방법을 잘 익혀 둬야 한다.

나처럼 몇 년에 걸쳐서 단어를 많이 보게 되면, 자연스럽게 비슷한 단어들을 분류하는 능력이 생긴다. 낯선 단어를 익히고 외우는 과정에서 습득하는 능력이다. 단어들을 분류할 때는 단순히 철자가 비슷하다는 이유로 같은 카테고리로 분류하는 것보다는 비슷한 부분의 뜻을 먼저 찾는 게 좋다. 비슷한 뜻을 찾으려면 다음과 같은 연습이 필요하다.

첫 번째 방법은 단어의 접두사를 이용해서 뜻을 유추하고 단어를 맞추는 방식이다. 예를 들어, hieroglyphics(상형문자로 된 글)나 hierophant(고대 그리스의 신비 의식을 거행하는 최고 사제)에는 hiero-라는 접두사가 들어 있다. hiero-의 경우, 처음 보면 철자 맞추기 어렵게 보이지만 뜻을 알게 되면 hiero-가 포함된 단어를 쉽게 맞출 수 있다. hiero-는 그리스어로, sacred(신성한)라는 뜻이다. hieroglyphics처럼 대충 철자가 10개 넘는 단어를 보면 나는 본능적으로 단어를 끊는다. hieroglyphics의 경우에는 hiero와 glyphics 사이에 슬래시(/)를 긋는다. 슬래시를 긋고 단어를 구분한 후에 이 두 부분의 뜻을 찾는 것이다. 앞의 hiero는 '신성한'이라는 뜻이고, 뒤의 glyphics의 어원인 glyph은 '상징'이라는 뜻이다.

따라서 이 단어는 즉, '상형문자로 된 글'이라는 뜻이 된다.

hiero	/	glyphics
sacred(신성한) (그리스어 접두사)		glyph(상징) (그리스어 어근)

만약 모르는 단어가 주어졌을 때, 그 단어의 첫 발음이 아는 단어와 같다면 접두사가 같은 경우일 확률이 크므로 그 접두사의 철자로 맞춰 보는 것을 추천한다. 이와 같이, 같은 접두사의 단어들을 짝지어서 연관성을 파악하는 것은 정말 중요하다. 물론 접두사가 없는 단어들도 많이 있다. 그럴 때는 해당 단어들을 외우는 수밖에 없다.

두 번째 방법은 첫 번째 방법과 마찬가지로 접미사를 유추하는 것이다. 미국 스펠링비 대회에서 자주 출제되는 접미사로는 -drome(걸음), -eae(라틴어 복수형 어미), -phyta(학명), -esque(연상시키는), -ia(식물 및 질병 이름), -phobia(공포) 등이 있다. 각 단어에 숨겨진 접미사만 찾을 수 있다면 단어가 더 이상 낯설거나 두렵지 않게 된다. 예를 들어, 앞에 언급한 접미사를 알고 있다면 palindrome(앞에서부터 읽으나 뒤에서부터 읽으나 동일한 단어나 구)나 aerodrome(비행장), Magnoliaceae(목련과), pteridospermaphyta(일종의 화석 식물 그룹)와 같이 어려워 보이는 단어들도 별것 아니라는 생각이 들 것이다.

세 번째 방법은 접두사나 접미사가 없는 단어들의 경우에는 발음 나는 대로 철자를 맞추면 된다는 것이다. 예를 들어, waikiki(와이키키, 하와이의 해변)나 일본어 단어들이 나오면 발음 나는 대로 철자를 맞추면 된다. 단어의 어원 규칙만 따르면 일본어는 쉽게 마스터할 수 있다. 우리가 쉽게 접하는 onigiri(오니기리, 일본식 주먹밥)와 samurai(사무라이), mochi(모찌, 일본식 찹쌀떡)는 공통적으로 i로 끝난다. 일본어에서는 [이] 발음으로 끝나면 무조건 i로 표기한다. 우리에게는 생소한 슬라브어(러시아어, 우크라이나어, 체코어 등 동유럽과 발칸 반도, 중부 유럽에서 모국어로 사용하는 인도유럽어족에 속하는 어군)도 발음 나는 대로 철자를 맞추면 된다. 러시아어로 할머니는 '바부시카(babushka)'다. '바ba/부시bush/카ka'라고 정말 발음 나는 대로 맞추면 되어서 놀랄 정도였다. 실제로 내가 직접 참관한 2015년 미국 스펠링비 결승 챔피언 단어(챔피언이 되기 위해 맞춰야 하는 마지막 단어)가 nunatak(빙하로 둘러싸인 산)이었다. [너나탁]이라는 발음의 이 단어는 이누이트(그린랜드) 부족에서 유래된 단어다. 이 단어의 특징은 짧다는 것이다. 챔피언 단어라고 하면 정말 길고 어려운 단어가 나올 것이라고 생각하기 십상인데, 챔피언 단어에 이를 때까지 수많은 어려운 단어들을 제치고 올라온 참가자들이 의외로 쉬운 단어에서 많이 틀린다. 대회를 준비하면서 너무 어려운 단어들은 목숨을 걸 듯 공부하지만 정작 쉬운 단어는 알 거라고 생각하고 제대로 보지 않기 때문이다. 쉬운 단어일수록 참가자가 생각을 많이 해서 틀리는 경우도 많다. 따라서 어려운 단어도 쉬운 단어도 쉽게 쉽게 풀어내는 게 핵심이다.

다음은 자주 쓰이는 접두사와 접미사 리스트를 정리했다. 처음부터 다 외우려고 하지 말고, 접두사나 접미사가 쓰인 단어를 하나씩 주의 깊게 보는 게 좋다. 내가 단어에 슬래시를 그어서 철자를 나눴듯이 접두사나 접미사 부분을 다른 철자와 분리하는 연습부터 시작해서 차근차근 익힌다면, 접두사나 접미사의 형태를 쉽게 구분할 수 있다.

| 자주 쓰이는 영어 접두사 |

접두사	의미	해당 단어
de-	from, down, away, reverse, opposite	decode(암호를 해독하다) decrease(줄다, 줄이다)
dis-	not, opposite, reverse, away	disagree(동의하지 않다) disappear(사라지다)
ex-	out of, away from, lacking, former	exhale(숨을 내쉬다) explosion(폭발)
il-	not	illegal(불법적인) illogical(비논리적인)
im-	not, without	impossible(불가능한) improper(부당한)
in-	not, without	inaction(행동하지 않음) invisible(눈에 보이지 않는)
mis-	bad, wrong	mislead(잘못된 방향으로 이끌다) misplace(잘못 두다)
non-	not	nonfiction(논픽션) nonsense(말이 안 되는)
pre-	before	prefix(접두사) prehistory(선사 시대)
pro-	for, forward, before	proactive(상황을 앞서서 주도하는) profess(공언하다) program(계획, 예정)
re-	again, back	react(반응하다) reappear(다시 나타나다)
un-	against, not, opposite	undo(원상태로 돌리다) unequal(불공평한) unusual(특이한)

접두사(prefix)는 단어의 앞에 붙어서 새로운 의미를 만들어 단어의 의미를 풍부하게 한다. 자주 쓰이는 접두사를 먼저 익히고 나서 점차 난이도 높은 접두사를 추가로 익히면 좋다.

| 자주 쓰이는 영어 접미사 |

접미사	의미	해당 단어
-able	able to, having the quality of	comfortable(편안한) portable(휴대용의)
-al	relating to	annual(매년의) comical(재미있는)
-er	one who	worker(근로자) baker(제빵사)
-ful	full of	beautiful(아름다운) grateful(감사하는)
-ible	forming an adjective	reversible(되돌릴 수 있는) terrible(끔찍한)
-ily	forming an adverb	happily(행복하게) lazily(게으르게)
-ion, -tion, -ation, -ition	act, process	occasion(기회, 경우) attraction(끌림, 매력) coalition(연합)
-less	without, not affected by	friendless(친구가 없는) tireless(지칠 줄 모르는)
-ly	forming an adverb	clearly(분명하게) hourly(매시간의)
-ment	action or process	advertisement(광고) enjoyment(즐거움)
-ness	denoting a state or condition	kindness(친절) wilderness(황야)
-y	full of, denoting a condition, or a diminutive	messy(지저분한) victory(승리)

접미사(suffix)는 단어의 뒤에 붙어서 의미를 새로운 의미를 만들고 품사를 바꾸는 기능을 한다(접미사가 붙으면, 기본 단어의 뜻과 관련 있는 의미로 바뀐다). 접두사와 달리, 접미사를 알면 단어의 품사를 파악할 수 있다. 예를 들어, teach(동사)+-er이 명사 teacher(교사)가 되고 care(명사)+-ful이 형용사 careful(주의 깊은)이 된다.

암기와 쓰기 능력이 향상된다

여러 단어들을 한번 훑고 지나갔다가 다시 돌아와서 보면 기억이 나는가? 나는 솔직히 기억이 안 날 때가 더 많다. 단어를 아무리 꼼꼼히 살펴본다 해도 다시 보면 헷갈린다. 그 이유는 단어를 완벽하게 이해하지 못했기 때문이다. 단어장이나 어휘 책을 오래 본다고 해서 어휘를 익히는 것은 아니다. 눈으로만 외우는 방법은 이해도가 떨어지기 때문이다.

중학교 2학년 때쯤 한 토플 책을 본 적이 있다. 정확히 제목은 기억나지 않지만 '초스피드 암기 기법' 콘셉트의 책이었다. 서점에서 눈에 띄어서 첫 페이지를 펼쳐 봤다. 각 단어에 맞춰 처음 보는 그림이 수록되어 있었다. 정말 신기하게도 뜻을 단어 철자 모양과 연관시킨 캐릭터 그림이 그려진 책으로, 다른 내용 없이 처음부터 끝까지 단어와 그림, 뜻만 있었다. 예를 들어, illusion(환각)에는 두 개의 'l'을 붓 모양의 그림으로 표현해서 독자가 단어를 쉽게 연상할 수 있게 하는 구성이었다. 토플 시험을 며칠 앞둔 수험생에게는 꼭 필요한 자료일 것 같았다. 하지만 나는 이 책대로 익힌다면 토

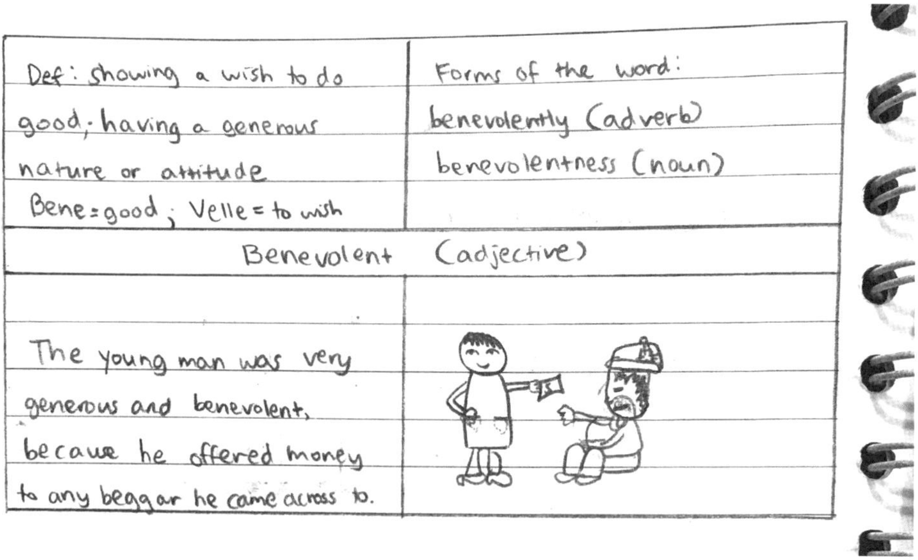

사전에서 찾아서 단어와 영어 뜻을 정리한 노트. 그림까지 직접 그리면 단어를 더 잘 외울 수 있다.

플 시험이 끝나자마자 머릿속에서 다 사라질 정보라는 것을 알고 있었다. 제대로 이해하고 머릿속에 저장한 것이 아니기 때문이다.

한 단어씩 정성스럽게 사전에서 뜻을 일일이 찾아 공부하면, 시간과 노력을 들인 탓인지 정이 가서인지 단어가 잘 외워진다. 사전에서 단어를 찾는 일이 번거롭다거나 시간 낭비라고 생각하는 사람들이 많은데 절대 그렇지 않다. 사전에서 단어를 직접 찾아보기 시작하면, 뜻을 알게 될 뿐만 아니라 예문을 통해서 문장에서의 쓰임도 알 수 있다. 예문을 읽어 보기도 하고, 예문에서 단어만 바꿔서 새로운 문장을 만드는 연습도 할 수 있다. 단어와 예문을 동시에 활용해서 익히는 연습을 하다 보면 영작 능력도 향상된다. 에세

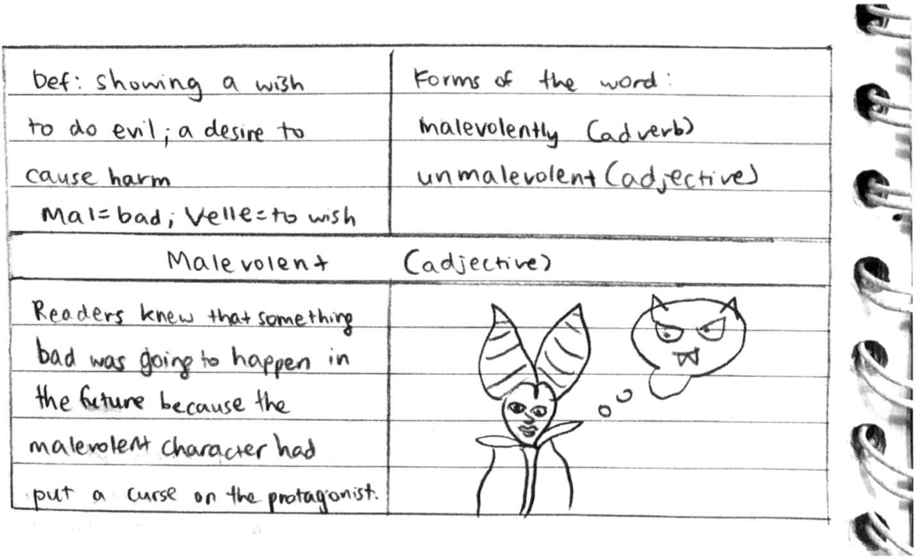

이의 수준을 높이려면 좀더 수준 높은 단어를 쓰는 것이 중요하듯이, 자신의 생각을 넓고 깊게 표현하기 위해서는 적확한 단어를 선정해야 한다. 따라서 단어를 제대로 익힐 생각이라면, 사전을 직접 찾아서 정리하는 습관이 필요하다. 단어를 찾는 데 들인 시간과 노력은 배신하지 않는 법이다.

02

미국 대회에 출전하다

첫 상금의 기쁨과 미국 참관권

한국 내셔널 스펠링비 대회(서울 대회)에서 챔피언이 되면 미국 내셔널 스펠링비 대회에 출전할 수 있는 기회뿐만 아니라 상금과 트로피를 수여받는다. 처음 서울 대회에 참가했을 때는 참가한 것만으로도 영광이라고 생각했다. 편하게 마음 먹고 할 수 있는 곳까지 올라가고 싶었다. 챔피언의 자리는 멀게만 느껴져서 처음부터 챔피언을 꿈꾸지는 않았다.

나는 여덟 살 때 처음 한국 내셔널 스펠링비 대회에 최연소 참가자로 출전했고, 아홉 살 때도 연이어 최연소 참가자로 출전했다. 처음 출전했던 2012년에는 Written Test의 벽이 너무도 높았다. 영어 단어에 해당하는 한국어 뜻을 맞추는 문제였는데, 나는 한국어 뜻을 제대로 이해하지 못하는 부분이 많아서 문제를 많이 맞추지 못했다. 그 후로 1년 동안 단어를 찾을 때마다 꾸준히 한국어 뜻도 함께 익혔다. 2013년에는 첫 도전에서 막혔던 벽을 넘는가 싶었는데 또 다른 벽을 마주하게 되었다. 더 노력하는 수밖에 다른 길이 없었다. 그 결과 그 다음해인 2014년에는 2등까지 올라갈 수 있었다.

이 대회에서는 상대 참가자와의 긴 접전을 견딜 만한 끈기가 없어서 안타깝게도 챔피언이 되지는 못했다. 아쉬움도 컸지만, 한편으로는 내 자신이 크게 성장했다는 점을 실감할 수 있어서 뿌듯했다. 수상식에서 내 이름이 불리는 순간 얼떨결에 무대에 올라갔고 사람들의 박수 갈채를 받았다. 기자들의 카메라 셔터 소리가 끊이지 않았고 박수 소리와 환호성에 너무 기뻤다. 2등상을 수상하며, 1백만 원의 상금과 큰 사이즈의 2등 포스터 등 많은 보상도 받았다.

챔피언이 되었으면 더 좋았겠다, 라는 생각이 계속 들기는 했지만, 2등에 만족할 수 있었던 데는 상금도 큰 역할을 했던 것 같다. 나는 처음 받아보는 상금이어서 기분이 아주 들떠 있었다. 열 살이던 내게는 1백만 원은 아주 큰 액수였다. 집에 돌아와서 엄마가 내 이름으로 된 첫 통장을 만들어 주셨다. 그날부터 나는 돈이 들어온 날만 손꼽아 기다렸다. 속으로는 한참 기다렸다고 생각했지만, 실제로는 2주 지나서 상금이 입금되었다. 그런데 내가 알지 못한 사실이 있었다. 나는 첫 자리가 1로 시작되고 0이 여러 개 이어지는 숫자를 기대했는데, 통장에 찍힌 숫자는 9로 시작하는 것이었다. 숫자가 달라서 스펠링비 상금임을 바로 알아채지 못했다. '분명히

1백만 원을 받아야 하는데, 왜 이렇지?', '왜 9로 시작되는 돈이 들어 왔지?' 그때 당황한 내 모습을 보신 엄마가 원래 정부에서 일해서 번 돈의 일부를 세금으로 뗀다고 설명해 주셨다(우승상금은 소득세법상 '기타소득'으로 구분되어 5만원 이상부터는 세금이 원천징수되고 수상자에게 그 차액이 지급된다). 나는 믿을 수 없어서 엄마에게 반문했다. "상금으로 번 돈인데 월급처럼 왜 세금을 떼나요?" 사기를 당한 기분이 들었지만 얼마 지나지 않아서 속상했던 기분이 풀렸다. 어쨌든 내가 처음으로 직접 번 돈이었다.

2014년 대회에서 올린 성과 중에 가장 두드러지는 것은 미국 대회 참관권이었다. 챔피언 본인에게 한정해서 미국 대회에 참관하는 데 드는 모든 부대비용이 무료였다(엄마는 자비로 같이 가셨다). 왕복 비행기표와 숙소도 무료인데다 미국의 수도 워싱턴 D.C.에 갈 수 있는 기회가 생겨서 정말 좋았다. 대회에 참가한 것이 아니어서 가벼운 마음으로 체험 학습에 간 것처럼 열심히 보고 열심히 그 순간을 즐겼다. 내가 상상했던 것보다 미국 내셔널 스펠링비 대회는 미국의 많은 사람들이 알 정도로 규모가 큰데다 인지도도 높았다. 현장에서 참가자들이 라운드에 진출하는 모습을 지켜보면서 나도 조금만 더 공부하면 저 큰 무대에 오를 수 있겠다는 생각이 들었다. 이 참관을 통해서 막연히 미국 대회에 가고 싶다는 생각에서 벗어나서 스펠링비에 더 매진해야겠다고 마음먹었다. 직접 보고 경험하는 것의 중요성을 알게 된 계기였고, 더 열심히 하겠다는 학습 동기가 부여된 계기였다.

그 다음해인 2015년에 나는 드디어 챔피언이 되었다. 챔피언이 된 순간 이루 말할 수 없이 기뻤다. 눈물도 나고 약간 어리둥절하기도 했다. 그때까지만 해도 나는 슬플 때만 우는 줄 알았다. 이날 처음으로 기뻐도 울 수 있다는 사실을 깨달았다. 대회 전날만 해도 나는 지난해 나를 성원했던 사람들의 높은 기대에 미치지 못할까 봐 잠을 이루지 못했다. 속으로는 '어차피 작년에 나온 중학생 오빠가 이번에도 또 나올 텐데. 잘해 봤자 2등이겠지.'라는 부정적인 마음도 들던 차였다. 하지만 대회에서 라운드가 진행되면 될수록 그 무대가 내가 1등을 하기 위해 마련된 자리인 것만 같았다. 지난해 대회와 달리, 무대에서 경합을 길게 벌일 수 있는 체력과 끈기도 확인할 수 있었다. 기자 인터뷰를 할 때 나는 내가 챔피언이 되었다는 사실이 믿기지 않을 정도였다. 한국 내셔널 스펠링비 대회 챔피언에게는 200만 원의 상금과 이름이 새겨진 유리 트로피, 미국 내셔널 스펠링비 대회 출전권이 주어진다. 지난해 경험을 통해서 이 상금에도 세금이 징수된다는 것을 알았는데, 나는 통장에 150만 원만 입금되어도 괜찮을 것 같았다. 그 돈으로 평생 살 수 있을 줄 알 정도로 어렸고 돈의 개념도 몰랐던 나이였다.

미국 대회에 참가하는 것은 단순히 대회에만 참가하는 것이 아니다. 처음 대회를 참관했을 때 스펠러(speller, 스펠링비 참가자를 부르는 말)들이 각자 자신의 사진이 인쇄된 수첩을 들고 다니며 다른 참가자 친구들의 수첩에 사인하는 모습이 너무 부러웠다. 이름뿐만 아니라 좋아하는 취미나 재치 있는 자기소개 문구가 페이지를 가득

2015년 5월 처음으로 한국 대표로 미국 대회에 출전했다.

채웠고, 자랑스러워하는 참가자들의 표정이 아주 행복하고 흐뭇해 보였다. 나는 내 얼굴이 그 수첩에 인쇄되는 날이 꼭 올 거라고 굳게 믿었다. 아니, 미국 대회에 출전하겠다고 굳게 다짐했다.

미국 무대에 서다

그 날이 마침내 왔다. 직접 출전해 보니 참관할 때와는 분위기가 아주 달랐고 참가자가 아니면 알 수 없었던 것들도 많이 경험할 수 있었다. 스펠링비 대회가 열리는 주를 Bee Week라고 하는데, 이때는 대회뿐만 아니라 여러 이벤트가 열린다. 우선 대회 전에 참가자들이 서로 친해질 수 있는 계기를 마련하려는 취지에서 오리엔

아마존에서 미국 대회장의 스폰서 부스에서 찍은 사진을 집으로 보내 줘서 똑같은 옷을 입고 포즈를 취했다.

테이션이 열린다. 오리엔테이션에서는 각 참가자에게 두 벌의 스펠링비 티셔츠와 그동안 바라만 봤던 수첩, 스펠링비 텀블러, 스펠링비 크로스백, (샤프와 지우개가 포함된) 필기 시험 준비물인 스펠링비 필통 등 온통 스펠링비 로고가 들어간 선물을 준다. 나는 그 선물들을 받고 정말 기뻤다. 내가 꿈꾸던 자리에 와 있다는 실감이 들었기 때문이었다. 이때 느낀 성취감이란 이루 말할 수 없었다. 그동안 해왔던 노력이 보답을 받았다는 생각이 들었다.

스펠링비 주최 측에서 주는 선물 외에도, 대회를 후원하는 후원사에 따라 받는 선물이 달랐다. 처음으로 참가했던 대회에서는 마이크로소프트 사가 후원사였는데, 모든 참가자들에게 서프라이즈

선물로 마이크로소프트 태블릿을 다 나눠 줬다. 나를 포함해 모든 사람이 환호할 정도였다. 그 다음해에는 아마존에서 후원했고, 킨들 페이퍼화이트(Kindle Paperwhite)를 받았다. 신기하게도 화면을 터치하면 페이지가 넘어가는 이북리더기였다.

또 기억에 남는 기념품은 스펠링비 티셔츠다. 참가자들에게 매년 다른 디자인의 티셔츠를 주는데, 가족들이 같이 입을 수 있어서 단체 티로도 입을 수 있다. 미국에서는 가족들과 다 함께 티셔츠를 입고 걸을 때마다 사람들의 주목을 받았다. 그리고 학교에서 스펠링비 필통은 반 아이들의 부러움을 불러일으키는 자랑거리였다. 지금도 가끔씩 이 기념품들을 볼 때마다 미국 대회에 참가했던 순간들이 기억난다. 어릴 때는 받는 기쁨이 크기도 했지만, 이제는 좀 크다 보니 강렬했던 한 순간을 함께했던 물건이어서 더욱 애착이 가는 것 같다.

나는 미국 출전권을 따기 위해 열심히 준비했다. 그 결과로 상금과 많은 혜택이 따라왔다. 열심히 하면 보상도 따르는 법이다. 나는 전혀 생각하지도 못했던 것을 많이 얻었지만, 처음부터 보상을 기대하고 시작하지는 않았다. 기대가 앞서면 실망할 수 있다. 스펠링비를 목표로 하는 학생이 있다면 상금이나 보상을 최우선 목표로 잡지 말라고 말하고 싶다. 스펠링비 대회에 참가하는 것은 아무나 누릴 수 있는 기회가 아니다. 돈으로 살 수 있는 기회도 아니다. 대회 참가자는 경험이라는 무형의 자산을 얻을 수 있다. 큰 무대에서 스스로 문제를 맞추는 기회를 경험함으로써 얻게 되는 자신감은 이루 말할 수 없이 크다. 스펠링비 대회는 여러 곳에서 온 다양한 친구들을 만날 수 있는 귀중한 시간을 주는 기회다. 다른 참가자들과 인사하고 친분을 나누면서 세상을 바라보는 시선이 달라진다. 그 사실만으로도 스펠링비 대회에 충분히 도전할 만한 이유가 될 것 같다.

03

실수하며 성장한다

같은 실수를 되풀이하지 않는 것

스펠링비 대회에서 바로 챔피언이 된 사람은 없다. 처음부터 완벽한 사람은 없다는 뜻이다. 누구나 실수하기 마련이다. 우리는 매일 실수를 하지만 그 실수를 통해서 더 나아지기 위해 노력하면서 조금씩 더 성장한다. 우리가 역사를 배우는 이유도 같은 맥락에서 이해할 수 있다. 국가와 국민을 위해 헌신한 사람들을 기리기 위한 것도 있지만, 과거의 실수를 바탕으로 좀더 나은 미래를 만들기 위한 지혜를 얻으려는 목적도 있다. 각 전쟁사와 전투 전략을 배우는 것도 전후 배경을 이해하고 기존 전략을 수정 발전시키는 계기가 되기 때문이다. 실수를 통해서 배우고 성장해 온 것이 인류의 역사라고 할 수 있다.

내가 어렸을 때부터 엄마가 내게 많은 조언을 해주셨다. 공부하다 지칠 때마다, 내 뜻대로 성과가 나지 않아서 좌절할 때마다 나는 엄마의 조언 덕분에 안 좋은 상황을 견딜 수 있었고 더 열심히 할 용기를 낼 수 있었다. 시험에서 문제를 많이 틀리면 대부분의 학생들이 엄마에게 혼날 것 같아 걱정부터 하겠지만, 나는 엄마에게 시험 점수로 혼난 적이 없었다. 집에 시험지를 가져오면 엄마에게 제일 먼저 보여 드렸다. 시험 문제를 틀려 내가 속상해할 때도 엄마는 괜찮다고 나를 격려해 주셨고, 나는 정말 값진 조언을 들었다.

"수인아, 실수해도 괜찮아. 다만 같은 실수를 두 번 해서는 안 돼. 그러니까 실수에 연연하지 말고 왜 틀렸는지 확인해 봐." 실수한 것이 중요한 문제가 아니라, 같은 실수를 반복하지 않는 것이 중요하다는 뜻이었다. 다음에 똑같은 문제가 나왔을 때 틀리지 않으려면 오답 정리를 열심히 하라는 말씀도 덧붙였다. 엄마의 조언을 듣고 나서 나의 마음가짐이 달라지기 시작했다. 엄마의 인정을 받고 싶은 욕심도 있었지만, 그보다는 내 스스로 공부에 관심을 가지려고 노력한 것이다. 그날 이후 한번 한 실수를 반복하지 않으려고 노력하다 보니 시험 점수가 점점 좋아졌다.

실수를 통해 거듭나다

학교 공부뿐만 아니라 스펠링비 공부도 마찬가지다. 목표는 높게 잡되 한 번에 바로 미국 대회에 진출해 챔피언이 될 거라는 선

부른 기대는 하지 말아야 한다. 아무리 천재라고 해도 실수를 하기 마련이다.

일곱 살 때 나는 처음 스펠링비를 접하고 나서 1학년 대표로 지역 대회에 참가했다. 집에서 연습할 때는 2학년 단어장의 단어들이 너무 쉬워서 거기 수록된 단어들을 다 맞췄다. 윗학년 단어들도 마찬가지로 다 맞췄다. 그 탓에 첫 지역 대회를 앞두고 정말 기분이 들뜬 상태였다. 이제 막 알게 된 대회가 아주 쉬워 보였다. 그런데 미처 몰랐던 사실이 있었다. 스펠링비 대회는 연습할 때처럼 단어를 불러 주는 사람과 맞추는 사람, 단 둘이서 벌이는 대회가 아니라는 것을 깨닫지 못했다. 대회장 어딘가에서 엄마가 나를 지켜보고 있다는 사실을 알았지만, 다른 출전자들의 부모들도 자식들을 응원하기 위해 무대 앞에 자리하고 있다는 사실은 예상하지 못했다. 단어 철자 한 개를 틀리면 바로 탈락해서 무대에서 퇴장하는 현실도 처음으로 목격했다. 머릿속으로는 알고 있었지만, 직접 목격하니 철자 하나 차이로 탈락된다는 사실이 좀 충격적이었다.

드디어 내 차례가 되었다. 무대 앞에 나서자 갑자기 머릿속이 하얘졌다. 알던 단어들도 생각나지 않았다. 당황한 나는 관중석에서 엄마를 찾기 시작했다. 마침 엄마가 내게 손을 흔드셨는데, 그때 엄마에게 시선이 가면서 문제에 집중하지 못했다. 출제 단어는 쉬운 단어였는데도, 무심하게 튀어나온 철자 때문에 첫 라운드에서 탈락했다.

돌이켜보면, 내 첫 스펠링비 대회는 실수 그 자체였다. 물론 첫 출전이어서 감안할 수 있었던 실수였다. 다만 다음 대회에서 같은 실수를 반복하지 않기 위해 나는 가족들 앞에서 무대 리허설을 수 없이 했다. 리허설 연습을 하면서 소란스러운 환경과 관중에 신경 쓰지 않고 문제에 집중할 수 있는 힘을 기르기 위해 노력했다. 그 다음 대회부터는 관중의 시선과 소음 때문에 긴장한 적이 없었다. 나는 조금씩 실수를 통해 성장할 수 있었고, 그 실수를 딛고 좀더 나은 지금의 내가 된 것이다.

여덟 살의 나이로, 지역 예선을 통과한 후 한국 내셔널 스펠링비 대회에 처음 참가했을 때는 정신이 없었다. 무대 앞의 관중 때문에 긴장한 것은 아니었다. 대회 규모 탓인지, 아니면 한국 본선 대회라는 무게감 때문인지 좀 당황했던 것 같다. 대회 홈페이지에 참조용 단어 리스트가 있다는 사실을 알지 못해서 제대로 준비를 못했다는 불안감도 있었다. 나는 초조한 나머지 제대로 질문조차 하지 못했다. 스펠링비 대회에서는 참가자가 단어에 대해 몇 가지 질문을 할 수 있다. 예를 들어, 단어의 뜻이나 품사, 어원을 물어보거나, 단어를 예문에 넣어서 말해 달라고 부탁하거나, 단어의 다른 발음까지 물어볼 수 있다. 하지만 서울 대회에서는 내게 주어진 혜택을 제대로 사용하지 못했다. 질문도 제대로 하지 못한 채 쓴맛만 보고 바로 집으로 내려왔다. 새벽 기차를 타고 힘들게 부산에서 서울까지 간 대회였지만, 국내 결선 대회에 대비하는 준비가 부실했던 탓이었다. 나는 준비가 부족해서 기회를 살리지 못한 채 대회를 허무하게 끝냈다는 사실이 가슴 한편에 남았다.

그때부터 나는 내 실수를 계단 삼아 앞으로 오르기 시작했다. 내가 처음부터 실수에 좌절해 내 자신의 한계를 긋고 그 자리에 머물렀다면 미국 대회 진출이라는 높은 자리까지 갈 수 없었을 것이라고 생각한다. 실수는 자연스러운 현상이며, 모든 사람들이 겪는 삶의 한 부분이다. 한 번도 실수를 안 해본 사람은 없겠지만, 만약 있다고 하더라도 실수를 거쳐서 성공한 사람의 발자취는 따라잡을 수 없을 것이다. 더구나 한 번도 실수를 해보지 않았다면 성공의 가치를 알아볼 수도 없을 것이다. 똑같은 위치에 서더라도 고난을 이겨낸 사람은 성공의 기쁨을 더욱 더 만끽할 수 있다. 그래서 실수는 더욱 값진 성공을 선물한다. 그만큼 힘들게 성공을 위해 달려왔기 때문이다. 어떻게 보면 성공은 목표가 아니라 노력에 의한 결실이라고 할 수 있다. 실수를 통해서 배우고 자신의 삶을 좀더 좋은 방향으로 이끄는 것이야말로 성공이 주는 상인 것 같다.

옆의 경쟁자가 나의 적이 아니다

스펠링비의 마스코트, 베일리 박사

베일리 박사(Dr. Jacques Bailly)는 미국 스펠링비 대회에서 공식적으로 단어를 불러주는 사람(official pronouncer)으로, 스펠링비에서 가장 중요한 역할을 담당한다. 단어 발음에 따라 철자가 달라지기 때문이다. 참가자 입장에서 단어를 똑바로 말하는 것도 중요하지만 듣는 것도 아주 중요하다. apple을 [epel]로 들으면 다른 단어로 오해할 수 있듯이, 스펠링비 대회에서는 단어를 발음하는 사람이 단어를 맞출 때 큰 비중을 차지한다. 따라서 베일리 박사는 스펠링비의 중심에 있다고 말할 수 있다.

지금의 베일리 박사를 있게 한 것이 바로 스펠링비다. 베일리 박사는 6학년 때 스펠링비 대회에 참가하기 시작해 1980년 8학

바비큐 파티에서 베일리 박사와 함께한 시간

넌 때 본선 대회에 진출해 챔피언이 되었다. 그 당시 우승 단어는 elucubrate(특히 문예 작품 등을 고심해서 만들어 내다)였다. 그 후 고대 그리스어와 라틴어를 공부해 브라운 대학교에서 학사 학위를, 코넬 대학교에서 박사 학위를 땄다. 2003년부터 공식 출제자로 활동하고 있는 베일리 박사야말로 스펠링비 대회의 마스코트라고 할 수 있다.

나는 스펠링비 대회에 참가한 6년 동안 거의 매년 베일리 박사를 만나면서 그의 다양한 모습을 볼 수 있었다. 처음 베일리 박사가 단어를 불러 줄 때는 멀게만 느껴졌고 무서웠는데, 긴장한 내가 지레짐작한 것이었다. 대회 후에는 항상 만찬을 겸한 파티가 열리는데, 세계 각국에서 참가한 학생들과 즐겁게 어울리는 베일리 박사의 모습에서 내 첫 인상이 맞지 않다는 것을 나중에 알았다.

베일리 박사의 말이 지금도 생생히 기억난다. "지금의 너는 사전을 대적하고 있는 거야. 옆에 있는 경쟁자가 너의 적이 아니야. 다만 난 너의 편이라고 말해 주고 싶다. 나와 함께 사전과 싸워 보자."

대회장에서 처음 이 말을 들었을 때는 전혀 공감하지 못했다. 어떻게 해서 한국에서 미국까지 왔는데, 옆자리 경쟁자가 내 적이 아니라니! 그 자리야말로 온갖 노력 끝에 힘들게 온 곳이었다. 그때는 어려서인지 이 말이 이해가 안 되었지만, 기억에 남아서 계속해서 곱씹어 보았다.

시간이 지나면서 베일리 박사의 말씀에 담긴 깊은 뜻을 깨닫게 되었다. 스펠링비 대회는 다른 사람들과의 싸움이 아니라 오직 나와 사전의 싸움이라는 사실을 말이다. 그 뜻을 이해하기 전까지는 베일리 박사가 항상 나의 반대편에 서 있는 사람, 나를 시험에 들게 하는 사람인 줄로만 알았다. 그런데 베일리 박사를 나를 도와주는 사람으로 믿고 나니 그때부터 스펠링비가 재미있어지기 시작했다. 비록 혼자만의 싸움이기는 했지만, 나를 응원하는 사람이 한 명이라도 늘었다는 사실에 꽤 안심도 되었다.

미국 스펠링비의 공식 사전은 Merriam Webster 사전이다. 한 번이라도 그 사전을 실제로 본 사람이라면 알겠지만, 두 손으로 들기 버거울 정도로 크고 무겁다. 사전의 글씨는 얼마나 작고 촘촘하게 적혀 있는지 앞 표지를 열기 두려울 정도다. 여기 나온 단어들을 다 안다면 스펠링비 챔피언이 될 수 있을 것 같았지만, 솔직히 수록된 단어들을 다 외울 사람이 있을지 의문도 들었다. 물론 사전에 나온 단어들을 많이 안다면 챔피언이 될 확률이 높아지는 것은 분명했다. 결국 사전이 나의 적임을 인정할 수밖에 없었다. 하지만 여전히 마음 한구석에서 들리는 소리도 있었다. '한국에서 미국까지 간 이유가 뭐야? 대회에서 다른 참가자들을 이겨서 결승전에 진출하려는 목적도 있잖아.' 서로 치열하게 경쟁하는 다른 참가자들이 내 경쟁 상대가 아니라는 점은 나중까지도 쉽게 납득되지 않았다. 시간이 좀 더 지나고 나서야 그 의문에 대한 해답을 찾을 수 있었다.

스펠링비 대회가 개최되는 기간인 Bee Week 동안 진행되는 프로그램의 60퍼센트는 대회 경연에 해당되고, 나머지 40퍼센트는 오리엔테이션, 바비큐 파티, 투어 등 참가자들이 서로 얼굴을 익히고 어울리는 시간이다. 무대 앞에서의 경연만 치르고 끝나는 대회가 아니라, 어린 학생들이 여러 지역에서 온 다양한 학생들과 친해질 수 있는 기회를 제공하는 대회다. 2016년 미국 대회에 두 번째로 참가했을 때 나는 비로소 그 사실을 실감했다. 대회에서 만나는 참가자들이 친구들이며 내 경쟁자가 아니라는 것을 알게 되었다.

내 자신을 이길 수 있다면, 그리고 사전을 이길 수 있다면 내가 승자가 될 수 있다는 것 역시 알게 되었다. 처음부터 이런 사실을 깨달았던 것은 아니다. 여러 대회에 참가해서 경험이 쌓이면서 차츰 터득하게 된 가장 중요한 깨달음 중 하나다.

나는 초등학교 2학년 때 처음 한국 내셔널 스펠링비 대회에 참가했다. 큰 대회에 참가한 것은 처음이어서 당시의 상황은 아무것도 기억나지 않는다. 그때 찍은 사진과 비디오 영상이 내 기억을 대신할 뿐이었다. 그런데 나중에 놀라운 사실을 발견했다. 열 살의 나이로 참가했던 미국 대회에서 돌아와 2년 전 한국 대회 사진과 비디오를 보는데, 단어를 불러 주는 출제자가 바로 베일리 박사였던 것이다. 얼마 전에 내 눈 앞에서 단어를 불러 주던 베일리 박사가 2년 전 대회에서도 바로 내 눈 앞에 있었다. 이 깜짝 사실이 신기해서, 나는 1년 전인 아홉 살 때 한국 대회 사진을 찾아봤는데 아쉽게도 그 대회에 베일리 박사는 없었다. 나는 베일리 박사가 한국을 방문한 적 있다는 사실에 놀랐고, 스펠링비를 아는 사람들에게 롤 모델이나 다름없는 베일리 박사가 내 앞에 앉아 있었는데도 내가 알아보지 못해서 더 놀랐다. 나중에 미국 대회에서 만난 베일리 박사에게 이 사실을 이야기했다. 내 이야기를 듣고 베일리 박사는 한국 무대에서 긴장하고 있던 조그만 아이가 기억난다면서 반가워했다. 나는 베일리 박사가 반가워하는 모습에 기뻐서 사인 받는 것을 깜박할 뻔했다.

처음 미국 대회를 참관했을 때 받은 베일리 박사의 사인은 아직도 내 책상 꼭대기에 놓여 있다. 왜 많은 사람들이 아이돌 가수의 사인에 열광하는지 알 것 같다. 나 역시 베일리 박사의 사인을 볼 때마다 공부할 힘을 얻는다. 나도 언젠가는 베일리 박사처럼 자신과의 경쟁에서 이기고 다른 사람들을 도와줄 수 있는 사람이 되고 싶다.

05

새로운 인연을 만나다

스펠링비의 스타, 케이트 언니

케이트 밀러(Kate Miller) 언니와는 정말 각별한 사이이다. 스펠링비 대회를 통해 얻게 된 것 중에서 중요도 순으로 정리하라고 한다면 케이트 언니는 목록에서 탑 5에 오를 정도다. 2014년 한국 내셔널 스펠링비 대회에서 2등을 하면서 미국 대회를 참관할 때 케이트 언니를 알게 되었다. 그때 미국 대회에 가서 정말 많은 외국인 언니들과 오빠들을 보면서 정말 신기했다. 어려서 키가 작았던 내게는 주변의 모든 사람들이 엄청 커 보였고, 다들 단어장을 들고 공부하고 있어서 말을 걸기도 어려웠다. 나는 낯선 환경이 좀 어색했지만 배우러 왔다는 생각에서 집중하려고 노력했다. 나중에 참관과 참가를 비교해 보니, 대회에 참가하는 것만큼이나 참관 자체에도 집중력이 필요했다.

참관 일정 중에서 첫날(월요일)에는 바비큐 파티가 열렸고, 그 다음날(화요일)에는 오전에 필기 시험 예선전을 치른 후에 오후에 미국의 수도 워싱턴 D.C. 투어가 진행되었다. 수요일에는 Round 2와 3의 구두 시험이 진행되었다. 이 시험에서는 한 철자라도 틀리면 다음 라운드로 진출하지 못한다. 목요일에는 결승전이 있었고 금요일에는 저녁 만찬과 만찬 후 댄스 파티가 진행되었다.

목요일 결승전을 막상 지켜보려니 참가자도 아닌 내가 떨리는 한편, 너무 어려운 단어가 나와서 혹시 지루하지는 않을지 걱정도 들었다. 다행히 경연이 시작되자마자 몰입할 수 있었다. 출제 단어들 중에는 난생 처음 듣는 단어들이 많았고, 그 단어들을 맞추는 결승 진출자들도 대단해 보였다. 발음을 듣고 해당 단어를 모르는 것처럼 보이는 참가자도 있었는데, 잠시 고민하다가 기적적으로 철자를 조합해서 맞추는 모습이 멋졌다. 스펠링비 대회에서는 필기 시험과 구두 시험 Round 1~3를 거쳐서 200명 이상의 참가자들 중에서 10명만 결승에 진출한다. 그중에서 가장 눈에 띈 사람이 케이트 언니였다. 케이트는 언니는 우리나라 사람들이 외국인을 연상할 때 흔히 떠올리는 인상의 키 큰 백인 소녀로, 애니메이션 〈겨울왕국〉의 엘사처럼 금발머리를 허리까지 기르고 있었고 이목구비가 뚜렷한 사람이었다. 외모도 예뻤지만 더 인상적인 모습은 따로 있었다. 언니가 철자를 맞추는 방식이 아주 특이했다. 한 철자씩 맞출 때마다 키보드 자판에 철자를 타이핑하는 흉내를 내며 단어를 맞추는 것이었다.

스펠링비 대회에서는 단어를 맞추기 위해 어떤 방법을 쓰더라도 다 용인된다. 편법만 아니면 괜찮다. 예를 들어, 목에 걸고 있는 이름표에 손으로 단어를 쓰거나 허공에 손으로 단어를 쓰는 것도 참가자들이 많이 이용하는 방법이다. 단, 종이나 기타 물건에 쓸 수는 없다. 스펠링비 대회를 준비하면서 참가자들이 이용하는 다양한 방법을 봤는데, 케이트 언니의 무대가 유독 눈에 들어온 것은 독특한 암기법 때문이었다. 언니는 타자 치듯이 허공에 손으로 가상의 키보드를 누르면서 철자를 말했다. 그렇게 재미있고 신기한 암기법은 처음이었다. 그 후로 참가한 대회에서도 언니처럼 독창적인 방법을 사용하는 참가자는 보지 못했다. 아직 내 개인용 컴퓨터를 갖기 전이었고, 타자 치는 것은 엄두도 못 낼 만큼 어려울 거라고 짐작하고 있어서 타자법을 이용하는 언니가 더 대단해 보였다. 언니가 8등으로 무대에서 내려왔을 때 나 역시 안타까웠다. 결승 진출자인 언니는 참가자들 사이에서 유명인사여서 사람들에게 인사와 격려를 받고 있었다. 나는 언니를 더 알고 싶었지만, 그 상황에서 가까이 다가가 말을 걸 생각을 하지 못했다.

그 후로 1년이 지났고, 나는 같은 장소에 다른 입장으로 서 있었다. 미국에서 처음으로 스펠링비 대회에 참가한 것이었다. 직접 무대에서 대회를 치르다 보니 떨려서 시험 외에는 눈에 보이지 않았다. 1년 전 미국 대회를 참관했을 때와는 마음가짐이 달랐다. 나는 이기고 싶었다. 일정에 따라 첫날 오리엔테이션에서 그토록 갖고

싫었던 내 사진과 프로필이 인쇄된 수첩을 받았다. 옆의 참가자들과 사인을 주고받을 때 저 멀리서 익숙한 얼굴이 보였다.

게이로드 컨벤션 센터의 후문에서 키 크고 예쁜 금발 소녀가 친구와 이야기를 나누고 있었다. 그순간 나는 유명인사를 만난 듯이 언니를 향해 빠르게 걸어갔다. 내 뒤에 있던 피디님도 재빨리 나를 따라왔다(당시 SBS <생방송 투데이> '지구촌 최대 영어 축제, 나는 국가대표다' 편을 찍고 있었다). 사실 좀 두렵기도 했다. '언니가 처음 보는 나를 싫어하면 어쩌지?', '갑자기 분위기가 가라앉으면 어쩌지?' 하지만 그 상황에서 벌어질 수 있는 가장 안 좋은 일이라고 해봤자 언니가 내 인사를 받아 주지 않는 것이었다. 나는 긴장해서 떨리는 목소리로 인사를 건넸다. "Hello, Kate." 언니는 갑자기 다가온 까만 머리의 꼬마와 카메라맨을 보고 당황해 했다. 내 걱정과는 달리 케이트 언니는 나를 반갑게 맞아 줬고, 옆에 있는 친구인 안키타 언니를 소개하면서 내게 어디서 왔는지 물었다. 언니는 한국에서 왔다는 내 대답에 감탄하면서 다시 만날 수 있으면 좋겠다며 다음을 기약했다. 하지만 그다음 순간이 그렇게 빨리 올 줄은 모르고 있었다.

케이트 언니가 결승전에 진출하지 못하게 되면서 나는 언니와 함께 결승전을 관람했다. 케이트 언니의 남동생도 대회에 누나와 함께 참가했는데, 내 옆자리에 앉아서 최종 챔피언이 누가 될지 추측하면서 재미있는 시간을 보냈다. 그때 나는 언니와 인스타그램 계정을 주고받으며, 같이 찍은 사진을 인스타그램에 올렸다. 파티장에서도 케이트 언니를 만나서 댄스 타임 때 같이 춤도 추었다.

케이트 언니와 함께 찍은 사진. 내 목에 팔을 두르고 있는 사람이 안키타 언니다.

그 후로 서로의 인스타그램에 댓글을 남기며 좋은 관계를 이어가고 있다. 나이 제한으로 내가 마지막으로 출전했던 2018년에는 언니가 (자신이 살고 있는 주인) 텍사스 주의 명물인 도마뱀 돌을 보내 줘서 나는 답례로 한국의 홍삼과 마스크팩을 선물하기도 했다. 케이트 언니는 스펠링비가 이어준 첫 번째 인연이다. 지금 생각해도 그때 떨리는 마음으로 언니에게 말을 걸지 않았다면 지금 언니와 교류하면서 누리는 즐거움을 아예 모를 뻔했다.

안키타 언니

안키타 바디알라(Ankita Vadiala) 언니는 케이트 언니와 마찬가지로, 스펠링비가 맺어준 인연이다. 안키타 언니는 인도계 미국인으로 정말 활발한 성격의 사람이다. 사실 2015년 대회에도 안키타 언니는 참가했는데 그 당시는 알아보지 못했다. 내가 안키타 언니를 보지 못하고 케이트 언니에게만 달려가 인사를 했던 탓이다. 처음 내가 찾던 사람이 케이트 언니이기 때문에 나는 케이트 언니와만 친해질 줄 알았는데, 다행히도 옆에 있던 안키타 언니와도 정말 친해졌다.

이 언니와 더 친하게 된 계기는 바비큐 파티 때였다. 동생 다현이와 같이 앉아 있었는데, 안키타 언니가 먼저 다가와서 수첩을 건네면서 옆에 있는 동생이 나와 너무 닮았다면서 말을 걸어 왔다. 언니가 자신에게도 동생이 있다는 말로 시작했는데, 언니와의 대화는 정말 재미있었다(그해 대회에 언니 동생은 같이 참가하지 않았다). 언니와 나눈 다른 이야기도 좋았지만, 동생이 있는 언니들이 겪는 고충이라면 내가 쉽게 공감할 수 있는 소재였기 때문이다. 나와 언니는 마음이 잘 맞는데 왜 첫날 서로의 수첩에 사인을 하지 않았는지 이해가 되지 않는다고 말할 정도로 말이 잘 통했다. 그 주간 동안 얼굴을 마주칠 때마다 반갑게 인사를 나눴다.

내 기억에 가장 많이 남았던 순간은 파티에 참석했을 때였다. 나는 반짝이는 남색 드레스를 입고 있었고 언니는 보라색 전통의상을 입고 있었다. 언니와 만난 지는 얼마 안 되었지만 나는 웬만큼 오래 만난 친구들보다 언니를 오래 알고 지낸 것 같았다. 미국 대회에 출전한 내 모습을 방영하기 위해 TV 프로그램 〈생방송 투데이〉에서 촬영을 하고 있었는데, 언니가 흔쾌히 촬영 제의를 받아줬다. 그 후로 방송 영상을 볼 때마다 얼마나 즐거운지 모른다. 그 영상에는 언니와 함께 춤출 생각에 뒤도 돌아보지 않고 파티장으로 뛰어가던 내 모습이 나온다. 댄스 파티는 예상했던 것보다 훨씬 재미있었다. 처음 듣는 비트에 맞춰 춤을 추는 것도 즐거웠고, 모르는 사람들과 춤을 추는 것도 두렵지 않았다.

언니와 더 친해질 수 있었던 이유 중 하나는 언니가 한국에 대한 관심이 높았다는 것이다. 대회에서 사인을 주고받을 때마다 참가자들이 내게 어디서 왔는지 물었는데, 한국이라고 대답하면 다들 놀라워했다. 비행기를 13시간 타고 왔다고 대답하면 더 놀라워했다. 다른 사람들과 달리, 안키타 언니는 놀라워하기보다는 방탄소년단과 한국 음식 이야기를 꺼내며 더 알고 싶어 했다. 평소에 한국에 관심이 있었던 것이다. 그 당시 나는 아이돌 가수에 관심이 없었지만 언니 덕분에 한국의 아이돌 가수가 해외에 미치는 영향력을 느낄 수 있었다.

그 다음해에는 안타깝게도 안키타 언니가 출전을 하지 못해서 나와 케이트 언니가 정말 아쉬워했다. 그런데 나는 케이트 언니네 가족과 결승전을 관람하던 중에 대회장 입구에서 안키타 언니와 동생이 들어오는 모습을 목격했다. 언니를 아예 보지 못할 거라고 생각하고 있어서 정말 반가웠다. 나와 케이트 언니는 한걸음에 달려가 안키타 언니를 포옹했다. 나는 케이트 언니와 안키타 언니에게 대회장 밖의 복도에서 사진을 찍자고 제안했고, 두 언니는 흔쾌히 그 제안을 받아들였다. 우리는 결승전을 지켜보지 않고 밖으로 나가서 사진 찍기에 바빴다. 상상하지도 못했던 깜짝 만남에 기분이 너무 좋아져서 웃음이 넘치는 우리 모습은 사진에 담기 모자랄 정도였다. 그 후로도 안키타 언니와 이메일을 주고받고 있다. 언젠가 케이트 언니와 안키타 언니를 함께 만날 날을 고대하고 있다.

06 학습 노하우를 전수하다

형제 자매가 같이 공부하면 시너지 효과가 난다

나는 스펠링비를 준비하면서 여러 면에서 많이 성장했다. 단순히 어휘 공부만 한 것이 아니라 얻게 된 점이 많았는데, 그걸 주위 사람들과 나누고 싶었다. 그런 생각을 하다 보니 가장 가까이에 있는 두 동생에게 가장 먼저 스펠링비를 소개시켜 준 것 같다. 아무래도 언니이자 누나인 내가 스펠링비에 빠져 지내는 모습을 보면서 동생들은 자연스럽게 스펠링비에 대해 알고 있었다.

스펠링비 대회에 참가하면 형제 자매가 연이어 참가하는 경우를 종종 볼 수 있다. 언니나 형이 1등을 한 후에 동생들에게 자신의 학습 노하우를 전수해서 그 동생들이 동반 출전하거나 다음해에 출전한다. 자신이 단어를 공부하면서 어떤 면에서 부족하고 힘들었는지 잘 알기 때문에 동생들에게 1:1 코칭을 해주기 수월한 측면도 있을 것 같고, 언니나 형이 쓰던 학습 교재를 그대로 쓸 수도 있는 등 환경이 뒷받침하는 측면도 있을 것 같다. 특히 스펠링비 대회에서 인도계 학생들의 성과가 두드러지는데, 챔피언이 된 학생이 주위의 아이들을 모아 놓고 튜터링을 하기 때문이라는 이야기를 들었다.

나 역시 스펠링비를 나만 알고 있기는 아까웠다. 우선 동생들에게 이 대회의 장점에 대해 설명했다. 현실적으로 보자면, 스펠링비 대회는 장학금이 수여되는 대회인데다 좋은 대학에 들어갈 수 있는 스펙을 갖출 수 있는 대회였다. 무엇보다도 어린 나이에 단어를 배우기 시작하면 본격적으로 학습 진도를 따라가야 하는 중학교나 고등학교 시절 때 부담이 덜할 것 같았다. 초등학교 저학년 때는 다른 과목을 공부하는 데 시간을 할애하지 않아도 되어서 충분히 도전할 만했다. 게다가 무엇이든 두뇌에서 스펀지처럼 빨아들여 흡수하는 시절을 잘 활용할 수 있는 기회도 또 없을 것 같았다. 공부를 조금만 더 하면 가능할 일이니까. 이렇게 좋은 대회에 참가하지 않을 이유가 없었다.

동생들이 처음 스펠링비 대회에 참가할 자격을 갖췄을 때, 나는 정확한 조언을 해줄 수 있는 상황은 아니었다. 이 책을 쓰고 있는 지금 알고 있는 노하우와 팁, 그동안 참가했던 대회 경험이 충분하지 않았기 때문이다. 내가 해준 것이라고는 동생들에게 단어장을 구해 주고 몇 번 시험을 봐주고 그 결과를 검토하는 정도였다. 좀 더 많이 도와주지 못해서 아쉽지만, 생각 외로 동생들이 정말 잘 따라줘서 학년 대표로 동생들과 함께 광주 지역 대회에 참가할 수 있었다.

내가 열네 살 때, 나와 두 동생이 한꺼번에 다 출전하게 되었다. 그 전에는 나와 동생들 중 한 명이 참가했다. 나는 내가 응원할 사람이 생겨서 정말 행복했다. 동생들이 한 라운드씩 통과하는 모습이나 단어를 틀려서 무대에서 내려오는 모습을 지켜보면서, 매년 성장하고 있다는 생각이 들어서 동생들이 기특했다. 내가 섰던 무대에 동생들이 서 있는 모습을 보면서 나는 모범이 되어야겠다는 생각이 들었다. 내가 두 동생을 스펠링비의 세계로 이끌었다면, 두 동생이 내가 스펠링비 공부를 더 열심히 할 수 있게 이끌어 준 셈이었다.

나는 2014년에 한국 내셔널 스펠링비 대회에서 2등을 했고, 2015년에는 1등을 해서 동생들의 아이돌 자리를 고수할 수 있었다. 그 후로 동생들은 나를 마치 범접할 수 없는 사람인 양 대하기 시작했다. 나는 그 기대를 저버리지 않기 위해 단어와 어원에 대해 열심히 연구하기 시작했고, 그 과정에서 발견한 학습 노하우를 동생들에게 이야기해 줬다.

가장 기억에 남는 대회는 우리 남매 셋이 다 함께 처음이자 마지막으로 같은 무대에 섰을 때였다. 각자 학년 대표로 나가는 날을 손꼽아 기다렸기 때문에 그날은 정말 감사한 하루였다. 차를 타고 같이 대회장에 가는 것도 의미가 있었고, 내가 가장 관심 있는 대회에 같이 출전하는 것도 의미가 있었다.

스펠링비를 준비하면서 동생들에 대해 더 알게 된 점이 있다. 그것은 모두에게 각기 다른 재능이 있다는 것이다. 누가 어느 분야를 잘한다고 해서 형제 자매가 똑같이 잘한다는 보장은 없다. 각자에게 맞는 분야가 있고 그 분야에 따라 자신의 재능을 발휘한다고 생각한다. 그런 점에서 기회가 닿는다면 이 책을 보는 학생들이 스펠링비에 도전해서 자신의 길에 대해 직접 알아보는 것도 정말 좋을 것 같다. 무대 앞에 서면 자신의 강점과 약점을 확연하게 알 수 있다. 대회에서 좋은 성적을 거두지 못하더라도 그것만으로 대회에 참가하는 의의가 있을 것 같다.

4장

어휘 실력 10배 올리자

01

나에게 맞는 방식으로 외우기

한 철자씩 소리 내어 말하라

영어 단어와 뜻을 많이 안다고 해서 스펠링비 대회에서 좋은 성과를 거둘 수 있는 것은 아니다. 단순히 영어 단어를 외워서 뜻을 알아맞히는 대회가 아니기 때문이다. 대회에서는 단어를 한 철자씩 말해야 한다. 무심코 한 철자를 틀리면 다시 내년을 기약하는 수밖에 없지만, 그것도 스펠링비 대회의 묘미다. 스펠링비를 잘 모르는 사람들은 단어를 많이 외워야만 우승할 수 있다고 생각해서 단어를 무작정 외우는 것을 권한다. 그런데 단어를 아는 방법에는 무작정 외우기만 있는 것일까? 그렇지 않다. 단어를 많이 아는 방법에는 달달 외우는 것만 있는 것이 아니다. 초등학교 1학년 때부터 시작된 내 어휘 공부 경험으로 보장하건대, 단어를 무작정 외우기만 한다면 시간과 열정을 낭비하는 것이다. 처음에는 나도 그런 헛수고를 했다. 첫 스펠링비 어휘 리스트를 받았을 때는 단어를 많이 외웠다. 철자 시험을 많이 치렀기 때문이다. 하지만 평소 외우던 대로 단어를 외우고 나니 스펠링비 연습은 전혀 되지 않았다. 나중에 기억나는 단어가 많지 않은 것은 말할 것도 없었다.

무대 위에서 어려운 철자를 제대로 말하려면 실전 연습이 가장 중요하다. 백날 단어만 외워서 성과를 거둘 수도 있겠지만, 자신이 외운 단어가 나와야 한다는 조건하에서나 가능한 일이다. 더구나 효과도 정말 적다. 최대한 효과를 내는 방법은 한 철자씩 이야기하는 연습을 하는 것이다. 스펠링비 준비를 할 때는 철자를 하나씩 속삭이거나 크게 소리 내어 말하거나 효과는 비슷하다. 단, 말로 내뱉는 행위가 중요하다.

우리가 흔히 아는 단어인 restaurant를 예로 들어보자. '음식점'이라는 뜻의 restaurant는 주변에서 흔히 볼 수 있는 단어이지만, 한국인들의 대다수가 철자를 맞추기 어려워하는 단어이기도 하다. 그 이유는 우리는 단어를 볼 때 그냥 스쳐 보고 제대로 철자를 생각한 적이 없기 때문이다. 따라서 이렇게 쉽게 접하는 단어들도 스펠링비 대회에서는 틀릴 가능성이 높다.

스펠링비를 준비하기 위해서는 특별한 맞춤 연습을 해야 한다. 단어들을 한 철자식 소리 내어 읽다 보면 그냥 단어를 읽는 것과 다르다는 것을 실감할 수 있다. apple을 발음대로 소리 내어 보고, 한 철자씩 a-p-p-l-e이라고 소리 내어 보라. 별 차이 없어 보일지라도 실제로 해보면 차이가 많이 난다는 것을 느낄 수 있다. 지금 당장 따라 해 보면 바로 알 수 있다. 아무리 쉬운 단어도 쉽다고 넘기지 말고 꼭 한 철자씩 익혀야 한다.

본선 대회에서는 출제자의 발음을 듣고 한 철자씩 이야기해야 한다. 이때 꼭 참고해야 할 방식이 있다. 바로 들은 단어를 한 번 발음하고, 추측한 단어 철자를 나열한 후 다시 한 번 더 단어를 발음하는 것이다. 단어를 처음 발음하고 나서 철자를 맞출 수 있는 제한 시간은 2분이다. 마지막으로 단어를 다시 한번 발음함으로써 마침표를 찍는 것이다. 마지막으로 단어를 발음하고 나서 자신이 내뱉은 철자를 수정할 수 없다. 한 번 나열한 철자는 다시 되돌릴 수 없듯이, 단어 철자를 다 말하기 전에 단어를 발음하면 단어 철자를 더 이상 맞출 수 없다. 예를 들어, 참가자는 다음과 같이 ① ~ ③의 순서로 말해야 한다.

출제자: [ˈʃɑːdnfrɔɪdə]

참가자: ① [ˈʃɑːdnfrɔɪdə]

② s-c-h-a-d-e-n-f-r-e-u-d-e

③ [ˈʃɑːdnfrɔɪdə]

(schadenfreude[샤덴프로이데]는 독일어에서 온 단어로, '남의 불행에 대해 갖는 쾌감'이라는 뜻이다.)

나는 첫 스펠링비 대회에 참가하기 전에는 일반 단어 시험과 다르지 않을 것이라고 생각했다. 평소에 단어 공부하는 방식대로 단어장을 들고 다니면서 외웠는데, 잘못된 공부 방법이었다. 이 방법이 효과가 없다는 사실을 깨닫고 나서 스펠링비 위주로 공부하기 시작했다. 그때부터 나는 확연히 달라졌다. 단어도 외우면서 철자에도 집중하게 되었다. 단어를 하나 하나 뜯어 보며 구체적으로 공부하면서, 단어가 왜 그렇게 형성되었는지 어떻게 접미사와 접두사를 나누는지도 배웠다.

모르는 단어는 사전에서 바로 찾는다

스펠링비 대회가 추구하는 가장 중요한 목적은 '단어 탐구'와 '뜻 알기', 이 두 가지라고 생각한다. 이 중에서 단어를 공부하는 사람이 꼭 알아야 할 것은 '단어의 뜻 알기'다. 제대로 된 방법을 알지 못할 때는 나 역시 단어를 많이 외우고 싶은 욕심에서 무작정 외웠다. 처음 스펠링비 대회에 참가한 후에 더 효과적인 방법을 찾았는데, 모르는 단어를 보면 사전에서 바로 바로 찾는 것이다.

사전에서 단어를 찾으면 좋은 점은 단어의 뜻뿐만 아니라 발음도 들을 수 있고 예문도 볼 수 있다는 것이다. 스펠링비 대회에서 출제되는 모든 단어는 Merriam Webster 사전에서 선정되므로, 이 사전을 참고하라는 취지에서 대회에서 문제가 출제될 때 사전에 나오는 뜻이 그대로 사용된다. 참고로, 나는 휴대폰에 Merriam Webster 애플리케이션을 다운로드해서 설치했다(인앱 구매 및 프리미엄 앱으로 구매할 수 있다). 이 애플리케이션에는 정말 유용하게도 어원도 다 나와 있고, 동사의 명사 형태나 형용사 형태 같은 품사별 형태 변화도 수록되어 있다.

사전을 찾게 되면 시간을 많이 투자해야 해서 처음에는 시간 낭비 같았지만, 나는 한 단어 한 단어 정확히 파악할 수 있어서 마음이 편했다. 다만 사전에서 단어들을 일일이 다 찾으려면 상당히 오랜 시간 동안 노력해야 하기 때문에 꾸준히 할 수 있는 의지가 필요하다. 때로는 소용없는 짓을 하는 게 아닌지 의심이 들 수도 있지만, 100도가 넘어야 물이 끓는 것처럼 어느 정도 임계점이 될 때까지 힘든 시간을 극복해야 단어를 마스터할 수 있다.

어학 시험이 얼마 남지 않았거나 대회까지 준비할 시간이 많지 않은 경우에는 우선 집중적으로 진도를 나가는 것이 좋다. 다만 단기 암기 방법을 이용하면 일시적으로 기억할 뿐 다시 잊게 된다는 것을 알아둬야 한다. 단어만 외워서는 일상에서 사용할 수 없기 때문이다.

스펠링비에서는 왜 철자를 테스트하는 것일까? 책을 읽든 시험을 치든 간에 우리에게 실제로 단어의 철자를 요구하는 일은 드물다. 게다가 대부분의 사람들이 궁금해하는 것도 단어의 뜻이지 철자가 아니다. 스펠링비 대회에 대비해 준비를 많이 하다 보니 느낀 점이 있다. 단어의 철자를 묻는 것은 참가자들에게 단어의 뜻을 찾게 만들려고 고안한 미끼인 것 같다. 스펠링비를 잘하려면 단어의 조합 방식을 잘 관찰해야 하고, 이 방식을 깨닫기 위해서는 철자에 내포된 뜻(어원)을 알아야 한다. 따라서 단어의 뜻이 철자를 맞추는 데 정말 중요한 힌트를 제공한다.

과연 사전을 외워야 할까

스펠링비를 준비하던 초반에 여러 사람들이 어휘를 많이 알려면 사전을 외워야 한다고 조언했다. 그 말이 사실인지 아닌지는 곧 확인할 수 있었다. 앞서 이야기했듯이, 한국 스펠링비 대회에서 우승하면 상품으로 받는 사전은 우리 3남매 얼굴이 다 들어갈 정도로 크고 두께가 일반 페이퍼백 소설의 세 배가 될 정도로 두껍다. 처음 사전을 받았을 때, 사전이 너무 크고 무거워 집까지 들고 올 수 없어서 택배로 부쳤다. 이 사전에서 미국 대회의 단어들이 모두 출제된다는 말을 들어서 처음에는 안심이 되었다. 열심히 공부하면 되겠다는 생각도 했다.

사전의 단어를 외우는 방법이 제일 안전하지만 그만큼 제일 어렵다. 모든 참가자들은 다 같은 사전으로 공부하는데 왜 다 일등을 하지 못할까? 노력과 능력을 떠나서 사전을 외우는 것 자체가 어렵기 때문이다. 첫 페이지를 열어 볼 엄두가 나지 않을 정도로 분량이 어마어마하다. 이 사전에 수록된 단어들을 한 단어씩 공부하면 몇 년이 걸릴 것이다. 나는 열심히 공부했다고 자부하지만, 스펠링비에 도전하는 내내 사전을 완전히 보지는 못했다.

1년 안에 스펠링비 대회에 참가할 계획이라면 사전을 붙잡고 공부하는 방법은 추천하지 않는다. 사전에 있다고 다 나오는 단어들이 아니기 때문이다. 나 역시 사전을 완전히 보지 못했지만 꽤 좋은 성과를 거뒀다. 내가 경험한 바로는 꼭 사전을 외워야만 단어를 알 수 있는 게 아니라는 것이다.

왼쪽이 부상으로 받은 Merriam Webster 사전으로, 일반 사전의 몇 배 크기다.

처음 미국 대회에 참가했을 때는 꽤 놀랐다. 그 큰 사전을 힘겹게 들고 걸어가는 참가자를 본 순간 내 자신이 하염없이 작아지는 것 같았다. '저렇게 큰 사전을 대회장에 가져올 힘과 의지가 있다면 도대체 어떻게 공부했을까?' 그 참가자에 이어서, 신기한 단어장을 손에 쥐고 벤치에 앉아서 친구들과 공부하고 있는 참가자를 보았다. 지고 싶지 않은 마음에서 옆을 지나가면서 그 참가자의 단어장을 확인했는데, 나는 본 적도 없는 단어장이었다. 전혀 익숙하지 않은 형태의 단어장이었다. '저 단어장을 어디서 구했을까?' '저기 있는 단어만 외우면 챔피언이 될 수 있을까?' '나도 충분히 구할 수 있는 단어장인가?' 아무리 생각해 봐도 그런 단어장은 본 적이 없었다. 그 참가자가 직접 정리해서 만든 단어장이었던 것이다. 그때 내 열정이 부족하다는 것을 깨달았다. 한국에서 미국까지 13시간이나 비행기를 타고 오면서 부풀었던 마음이 가라앉기 시작했다. 나는 왜 그런 단어장을 만들지 못했을까, 라는 죄책감이 들면서 챔피언의 길은 멀고 험하다는 생각이 들었다.

사전을 통째로 들고 다니며 공부하던 참가자는 사실 나보다는 높이 올라갔지만 겨우 한 라운드 차이였다. 그 참가자를 지켜보면서 굳이 내 상체만큼 큰 사전을 들고 다니며 공부하지 않아도 된다는 것을 깨달았다. 그렇게 공부해도 별 차이가 없다는 것도 알게 되었다. 반면 테이블에 앉아 자신의 단어장으로 공부하던 참가자는 Round 3를 통과했지만 Semi-final(준결승전)에 들지는 못했다. 이 두 참가자를 지켜보면서, 단어장을 만들어 공부하는 게 더 효과적이라는 교훈을 얻었다.

단어장 외에도 스펠링비 홈페이지에서 제공하는 단어 리스트를 참고하는 것도 좋다. 출제위원들이 이전에 출제된 단어들을 바탕으로 엄선해서 선정한 단어들이어서, 기본 어휘 실력이 탄탄하다면 이 리스트의 단어들을 공부하는 것도 지름길이 될 수 있다. 그리고 마지막 준비 단계에서는 사전으로 단어들을 되짚어 보는 것도 좋은 방법일 것 같다. 내가 참가했던 대회에서 챔피언이 된 참가자는 수상식 때 사전을 외웠다고 밝힌 적 있다.

지금 생각해 보면, 최연소 한국 대표로 미국 대회에 출전했으니 그 해(2015년)부터 사전을 꾸준히 외웠으면 마지막 출전 때(2018년)는 어느 정도 충분히 외울 수 있지 않았을까, 라는 생각도 든다. 하지만 사전만 외우지 않고 많은 시행착오를 겪은 시절이 있었기에 스펠링비 준비 요령을 터득할 수 있었다고 생각한다. 어떤 자료로 준비하는지도 중요하지만 단어를 어떻게 소화하는지가 더 중요하다. 아무리 출제가 유력한 단어들의 리스트를 가지고 있어도 각자 자신에게 맞는 암기 방법이 없으면 이해하고 자신의 단어로 만들기 힘들다.

나는 어렸을 때부터 단어 받아쓰기 연습을 많이 해서 직접 적는 방법이 가장 효과적이었다. 하지만 본선 무대에는 규칙상 종이를 가지고 갈 수 없어서 손에 적는 연습을 했다. 손에 철자 하나씩 끄적거리며 단어를 연상하는 방법을 배웠다. 앞서 언급했던 케이트 언니가 유독 많은 사람들의 주목을 받았던 이유는 특이한 철자 맞추기 방법 때문이었다. 케이트 언니는 타자 치는 방식으로 스펠링비의 스타로 떠올랐다. 나는 철자를 외우기보다는 감으로 하는 편이다. 호기심이 들어서 언니가 하는 방식대로 단어를 맞춰 봤는데 단어를 외우는 방법보다 더 복잡했다. 언니의 방식은 틀린 방법이 아니라 나에게 맞지 않는 방법일 뿐이었다. 결국 자신에게 맞는 방법을 찾아 그 방법을 최대한 활용하는 것이 어휘 실력을 늘리는 최선의 길이다.

자신만의 사전을 업데이트하라

스펠링비를 준비하면서 나는 매 순간을 마지막인 것처럼 몰입해 공부했지만, 결국 나의 단어 사전에 단어를 계속 추가하고 쌓아야 한다는 것을 알게 되었다. 대회에서 무대에 서는 순간을 위해 열심히 공부했다가 다시 단어를 잊어버리고 그 다음 대회를 위해 처음부터 다시 시작하는 일은 정말 바보 같은 짓이다. 어휘 실력을 향상시키려면 자신만의 사전을 계속 늘려 가야 한다. 당장 대회에 연연해 벼락치기로 단어를 외운다면 먼 미래를 위해 투자하지 않는 것이다. 그런 점에서 나는 단어를 사전에서 찾아보는 사람이야말로 장기적으로 성공할 것이라고 확신한다. 먼 미래를 바라보고 끈기 있게 준비하는 사람일 테니까.

모르는 단어를 보면 사전에서 바로 찾는 연습의 효과가 스펠링비 준비에만 그치는 것이 아니다. 사전을 찾는 습관을 익힌다면 일상생활에서 정말 유용하게 쓰일 수 있다. 지금은 스펠링비 공부를 더 이상 하지 않는데도 계속 유지하고 있는 유일한 습관이 있다. '단어 바로 찾기'다. 영어 책을 읽다가도 모르는 단어가 나오면 바로 찾아서 책에 적어 둔다. 처음 볼 때 모르는 단어는 두 번 봐도 모르기 때문에 꼭 적어 두고 나중에 다시 확인한다. 마찬가지로 영어 잡지에서 본 모르는 단어들도 따로 정리해 뒀다. 어릴 때부터 엄마와 함께 매주 도서관에 가서 〈타임〉, 〈포브스〉, 〈내셔널 지오그래픽〉 등의 영어 잡지를 보곤 했는데, 초등학교 6학년 때부터 따로 공책을 만들어서 영어 잡지에서 본 모르는 단어들을 필기하고 뜻을 찾아서 정리했다(도서관 잡지에 적을 수는 없는 노릇이니까). 이렇게 해서 만들어진 단어장을 보면 단어 플래시 카드와 다름없어 보이지만, 실제로 쓰이는 경제적 용어 리스트이기 때문에 유용하게 사용할 수 있다. 예전에는 대회 때문에 반강제적으로 사전을 찾았다면 이제는 습관이 되어서 자연스럽게 사전을 찾아본다. 아무 생각 없이 사전에 단어를 입력하고 있는 내 자신을 볼 때마다 스펠링비 하기를 잘했다는 생각이 든다.

02 철자와 발음을 연계해서 공부하기

모든 단어에 모음이 있지만, 어원별로 다르게 발음된다. 다음 단어들은 내가 미국 내셔널 스펠링비 대회를 준비하면서 정리한 발음별 노트에서 발췌한 것이다. 특히 모음이 어떻게 변형되어 발음되는지 주의해서, 철자를 파악한다면 어휘 이해도가 높아질 것이다.

1. 라틴어(Latin)에서 온 단어

1) **a**[아/에이]

ex. **a**qu**a**tic(물의), inn**a**te(선천적인)

cf. innate와 같이 e가 모음과 자음 다음에 온다면 그 모음은 길게 발음된다.

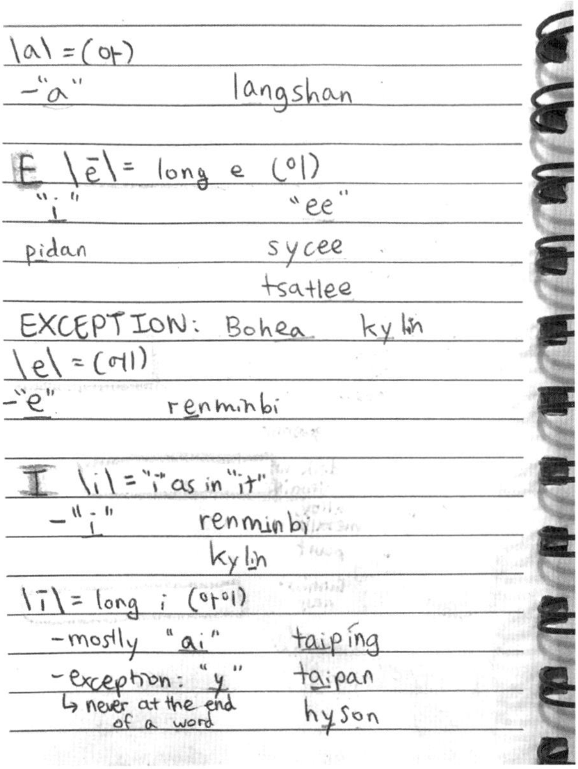

발음도 따로 노트에 정리해서 꾸준히 공부했다.

–a□e 형태나 –o□e 형태의 경우 길게 [e]와 [o]로 발음한다.

ex. make[메이크](만들다) hope[호프](희망하다)

2) **e**[에/어/이]

ex. consensus(의견 일치), discern(알아차리다),
alleviate(완화하다)

3) **i**[이]

ex. illuminate(비추다)

4) **ee**[이]

ex. refug**ee**(난민)

5) **o**[어/오]

ex. pr**o**digal(낭비하는), j**o**vial(유쾌한)

6) **u**[어/우/유]

ex. er**u**ption(화산 폭발), aq**u**atic(물 속에서 자라는), merc**u**rial(변덕스러운)

2. 프랑스(French)에서 온 단어

1) **a**[아]

ex. mir**a**ge(신기루)

2) **at**[아]

ex. noug**at**(누가; 흔히 견과류, 버찌 등이 들어 있어 씹어 먹는 사탕)

3) **e**[에/이]

ex. m**e**nu(메뉴), n**e**ologism(신조어)

4) **et**[에이]

ex. croqu**et**(크로케; 잔디 구장 위에서 나무망치로 나무 공을 치며 하는 구기 종목)

5) **ee**[에이]

ex. matin**ee**(마티네; 연극 · 영화 등의 주간 공연 · 상영)

6) **ai**[에이]

ex. parf**ai**t(파르페; 과일 · 시럽 · 아이스크림 등을 섞은 디저트)

7) **i**[이/아이]

ex. pacifism(평화주의), clementine(클레멘타인; 여자 이름)

3. 독일어(German)에서 온 단어

1) **a**[아/에이]

ex. angst(불안), bagel(베이글 빵)

2) **e**[에/어]

ex. lederhosen(무릎까지 오는 가죽 바지), bagel(베이글 빵)

3) **ie**[이]

ex. stiel(막대기)

4) **ei**[아이]

ex. Backstein(붉은 벽돌)

5) **i**[이]

ex. inselberg(고립된 산)

6) **o**[오/어]

ex. autobahn(독일의 고속 도로), nosh(음식)

7) **eu**[우]

ex. streusel(슈트로이젤; 커피 케이크 위에 얹는 장식)

8) **u**[우/어]

ex. umlaut(움라우트; 독일어의 일부 단어에서 발음을 명시하기 위해 모음 위에 붙이는 표시), bratwurst(브라트부르스트; 소세지)

4. 일본어(Japanese)에서 온 단어

1) **a**[아]

ex. wasabi(와사비, 고추냉이)

2) **ei**[에이]

ex. sensei(교사)

3) **i**[이]

ex. miso(미소; 일본 된장)

4) **o**[오]

ex. sumo(스모; 일본의 전통 씨름)

5) **u**[우/어]

ex. tofu(두부), shogun(쇼군; 과거 일본의 장군)

5. 그리스어(Greek)에서 온 단어

1) **a**[아]

ex. epiphany(신의 출현)

2) **e**[에/이]

ex. eclectic(절충적인), homogeneous(동종의)

3) **ei**[이]

ex. protein(단백질)

4) **ae**[에]

ex. aerobic(유산소의)

5) **i**[이/아이]

ex. chronic(병이 만성적인), irony(아이러니)

6) **y**[이/아이]

ex. etymology(어원, 어원 연구), hydraulic(수압의)

7) **o**[아(aw 발음)]

ex. odyssey(경험이 가득한 긴 여정)

6. 이탈리아어(Italian)에서 온 단어

1) **a**[아]

ex. cantata(기악곡의 소나타에 대한 이탈리아어)

2) **e**[에/이]

ex. confetti(결혼식 등의 특별 행사 때 뿌리는 색종이 조각),
scenario(시나리오)

3) **i**[이]

ex. cauliflower(콜리플라워)

4) **o**[오]

ex. pistachio(피스타치오; 견과류)

5) **u**[우]

ex. prosciutto(프로슈토; 이탈리안 햄)

7. 스페인어(Spanish)에서 온 단어

1) **a**[아]

ex. amor(사랑)

2) **e**[에]

ex. flamenco(플라멩코 음악)

3) **i**[이]

ex. mariachi(마리아치; 멕시코 전통 음악을 연주하는 유랑 악사)

4) **ay**[아이]

ex. Paraguay(파라과이)

5) **o**[오/오우]

ex. gazpacho(가스파초; 토마토, 후추, 오이 등으로 만들어 차게 먹는 스페인 수프)
embargo(임바고; 정부가 상선에 대해 내리는 출입항 금지 명령)

6) **u**[우/어]

ex. chalupa(토르티야 반죽을 작은 보트 모양으로 만들어서 튀긴 것), junco(골풀, 등심초)

03

품사 파악하기

내게 어려운 단어를 많이 알고 스펠링비를 잘하는 가장 큰 비결을 묻는다면, 단연코 '단어의 품사'를 아는 것이라고 대답할 것이다. 스펠링비 대회에서는 참가자가 출제자에게 단어의 품사를 물을 수 있고, 참가자가 단어의 품사를 알게 되면 그 정보를 아주 유용하게 사용할 수 있다. 그리고 어휘 공부를 많이 하게 되면 단어의 품사가 명사인지 동사인지 형용사인지 알 수 있다. 스펠링비 대회에서 출제되는 대표적인 품사는 명사와 동사, 형용사, 이 세 가지밖에 없다. 모음 변화보다 더 쉬운 것이 품사를 파악하는 것으로, 단어의 품사를 알게 되면 단어를 맞추는 데 결정적인 힌트를 얻을 수 있다. 다음은 명사와 동사, 형용사를 만드는 접미사 리스트로, 접미사만 알아도 품사를 쉽게 파악할 수 있다.

1. 명사

1) -tion/-cion[션]

ex. exception(예외), suspicion(의심)
(단어 끝에 -ion 형태가 붙으면 무조건 명사다.)

2) -sion/-gion[젼]

ex. extension(확대), region(지역)

3) -ship[십]

ex. leadership(지도력)

4) -ity[티]

ex. amenity(호텔 객실에 무료로 준비해 놓은 각종 소모품 및 서비스용품)

5) -ment[먼트]

ex. excitement(흥분)

6) -ant[안트]

ex. reactant(반응물)

7) -eam[임]

ex. bloodstream(혈류)

8) -dom[덤]

ex. freedom(자유), boredom(지루함)

9) -age[에즈]

ex. advantage(이점, 우위)

10) -**ery**[에리]

ex. cutl**ery**(식사용 기구로서 나이프, 포크, 스푼 등을 말함)

11) -**er**[얼]

ex. messeng**er**(배달원)

12) -**ness**[네스]

ex. nervous**ness**(긴장감)

13) -**ism**[이즘]

ex. pr**ism**(프리즘), journal**ism**(저널리즘)

2. 동사

1) -**ive**[아이브]

ex. d**ive**(잠수하다), rev**ive**(소생하다)

2) -**ex**[엑스]

ex. perpl**ex**(당혹하게 하다), fl**ex**(준비 운동으로 몸을 풀다)

3) -**ify**[이파이]

ex. intens**ify**(강화시키다), myst**ify**(혼란스럽게 만들다)

4) -**en**[엔]

ex. soft**en**(부드럽게 하다), hard**en**(굳다; 굳히다)

5) -**ate**[에이트]

ex. indic**ate**(나타내다), differenti**ate**(구별하다)

6) **-ise**[아이즈]

ex. compr**ise**(구성되다), surm**ise**(추측하다)

7) **-ake**[에이크]

ex. m**ake**(만들다), t**ake**(가지고 가다)

8) **-ike**[아이크]

ex. h**ike**(하이킹을 가다), l**ike**(좋아하다)

9) **-ide**[아이드]

ex. h**ide**(감추다), sl**ide**(미끄러지다)

3. 형용사

1) **-able/-ible**[어블/이블]

ex. identifi**able**(알아볼 수 있는), ed**ible**(먹을 수 있는)

2) **-ful**[풀]

ex. beauti**ful**(아름다운)

3) **-less**[레스]

ex. hope**less**(가망 없는)

4) **-al**[얼]

ex. univers**al**(일반적인; 전 세계적인)

5) **-ous**[어스]

ex. jeal**ous**(질투하는)

6) **-ary**[에리]

ex. contr**ary**(~와 반대되는)

7) **-ic**[익]

ex. animalist**ic**(동물성의)

8) **-ish**[이쉬]

ex. pink**ish**(핑크색같은)

9) **-like**[라이크]

ex. dream**like**(꿈같은)

철자 적는 연습하기

영어 단어 받아쓰기와 노트에 쓰는 연습을 하라

대체로 국어만 받아쓰기 연습을 하는 것으로 알고 있다. 나는 영어 단어로도 받아쓰기 연습을 꾸준히 했다. 영어 받아쓰기 방법을 추천하자면, 절대 학습자 혼자서 하면 안 된다. 엄마나 아빠, 친구에게 단어를 불러 달라고 부탁하고, 불러 주는 (단어의) 발음을 들으면서 철자를 맞추는 방식으로 받아쓰기를 한다. 이 연습에서 받아쓰기를 하면서 한 단어당 10번씩 적으면서 익히도록 한다. 이때 주의할 점이 있다. 설렁설렁 받아써서는 안 된다. 꼭 실전처럼 해야 한다.

영어 단어 받아쓰기를 하면 좋은 점은 단어가 기억에 오래 남는다는 것이다. 단어를 눈으로 읽고 본다고 해도 직접 노트에 적는

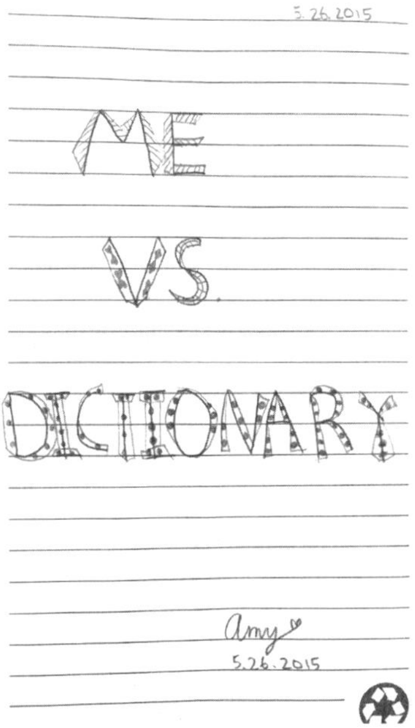

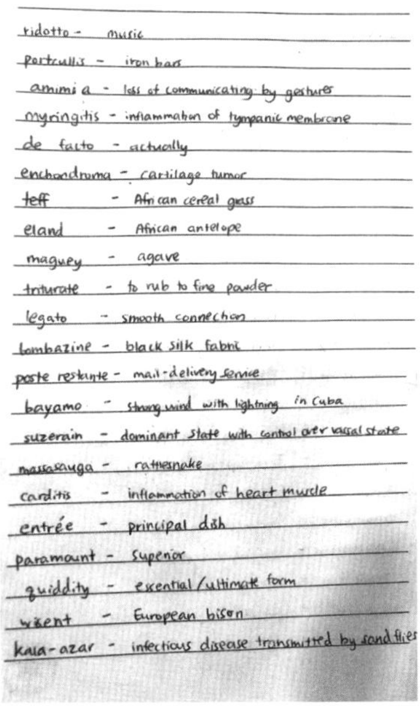

매일 저녁 노트에 정리하며 단어를 외웠다.

것과는 다르다. 눈으로 훑고 지나가는 것은 눈에서 머리를 거쳐서 다시 머리 밖으로 나가는 것과 같다. 단어를 직접 적는 습관을 익히면 단어가 기억 저장소로 가는 것 같다. 나만의 기억 저장소를 갖는 것은 단어를 외워서 단기 기억으로 저장하는 것과 확연히 다르다. 스펠링비를 오래 하면 좋은 점은 외운 단어를 까먹지 않는다는 것인데, 노트에 적어서 연습한 것이 큰 도움이 되었다.

나는 초등학교 2학년 때부터 학교를 마치고 그날 배운 내용을 복습하는 시간을 가졌다. '아, 맞다. 오늘 학교에서 이 내용을 공부했지'라고 해당 부분을 훑고 지나가는 것이 아니라, 복습 노트를 따로 만들어 과목별로 정리한 것이다. 그리고 매일 밤 엄마와 함께 단어 공부도 조금씩 했다. 단어 공부를 할 때도 과목별 복습 노트처럼 스펠링비 단어용 노트를 만들어서 단어 철자를 적는 연습을 했다. 하루에 20단어씩, 한 단어를 10번씩 반복해서 적었다. 대회를 본격적으로 준비할 때는 저녁마다 50단어에서 60단어를 공부했다.

초등학교 저학년 때는 글씨체가 커서 한 페이지에 많아야 단어를 6개 적었던 것 같다. 한 장 한 장 넘길 때마다 연필 자국으로 더러워진 오른손으로 새 페이지를 넘기며 만족해 하던 내 모습이 아직도 생생하게 기억난다. 매일 매일 꾸준히 반복해서 적으니 노트 한 권을 금방 채웠다. 단어를 계속해서 적다 보니 기억에 더 오래 남았다.

연상기법에 활용하라

노트에 철자를 쓰는 연습은 내 단어 연상기법에도 많은 영향을 미쳤다. 노트쓰기와 연상기법이 어떻게 연관될까? 손으로 한 단어씩 써 내려 가면 마치 머리에 하나씩 새기는 것 같았다. 단어를 똑같이 따라 적을 때도 이 철자 다음에 무슨 철자가 오고 그 다음에는 무슨 철자가 온다는 식으로 인식하게 된 것이다. 내 연상기법은 일상에서 접하고 배우는 단어를 통해서 단어를 떠올리면, 철자들이 내 눈 앞에, 다시 말해 눈을 감아도 눈 앞에 나열되는 방식이었다.

내가 눈을 감고도 철자를 맞추는 방법을 터득할 수 있었던 것은 무대에서의 실수를 통해 얻은 경험 덕분이다. 어렸을 때 무대에서 방청객만 보면 머릿속이 하얘지는 현상을 겪은 후에 곰곰이 궁리해 그 대처 방법을 고안했다. 우선 눈을 감았다. 눈을 감으면 오직 청각과 연상기법에 의존해 출제 단어에 더 집중할 수 있었다. 집중도가 높으면 높을수록 카메라로 사진을 찍은 것처럼 기억이 정확하게 떠올랐다. 스펠링비를 공부하면 할수록 철자를 조합하는 실력도 늘었다. 이 책을 읽는 독자들도 자신만의 단어 연상 방법을 연구해서 사용한다면, 나처럼 눈만 감아도 철자가 저절로 떠다니는 현상을 발견할 수 있을 것이다.

철자 감각을 기른다

철자 적는 연습을 많이 하면, 영어와 유럽어에서 어원이 같은 경우가 많기 때문에 여러 나라의 단어들 간에 연관성을 찾을 수 있었고 자연스럽게 단어의 패턴을 익힐 수 있었다. 2장 철자 규칙에 소개한 것처럼, '저번에 본 단어에서 q 다음에 u가 나왔는데, 이 단어에서도 똑같네!'라는 식으로 철자 감각을 기르게 되었다.

많은 사람들이 나에게 어휘를 많이 아는 요령이 따로 있는지 묻는다. 어휘를 많이 아는 것은 타고난 재능이 아니다. 어려서부터 꾸준히 노력해서 얻은 성과다. 매일 밤 엄마와 함께 책상에 앉아서 영어 단어 받아쓰기를 하고 단어 뜻을 찾아보고 같은 철자를 10번씩 반복해서 적었던 시간들을 노력이 아니면 달리 뭐라 표현할 수 있을까. 그 수많은 시간을 투자하지 않았다면, 나는 단어 연관성을 알지도 못했을 것이며 철자 감각을 키우지도 못했을 것이다.

나는 스펠링비 요령을 묻는 질문에 다음과 같이 대답한다. "죄송하지만 당신이 찾고 있는 열쇠가 어디 있는지는 잘 모르겠습니다. 저도 제 열쇠를 아직 찾고 있거든요. 하지만 제가 여기까지 올 수 있었던 이유는 알려 드릴 수 있습니다. 저는 단어만 열심히 연구했어요. 솔직히 제가 단어를 많이 접하면서 키운 감각을 말로 설명할 수 없습니다. 수많은 시간과 경험이 쌓아올린 감각이니까요. 직접 감각을 키워 나가면, 제가 말로 설명하는 것보다 훨씬 도움이 될 거예요."

사실이다. 나는 지난 몇 년간 키워 온 내 자신만의 감각을 말로 설명할 수 없다. 그 감각은 마치 나만 알고 있는 암호인 것 같다. 다른 사람은 볼 수도 입력할 수도 없는 암호 말이다. 다만, 모든 사람이 다 자신만의 단어 감각을 충분히 익힐 수 있다고 생각한다. 시간을 들여 노력하면 자신이 활용할 수 있는 감각을 키워낼 수 있다. 또한 자신에게 맞는 방법을 찾는 것도 중요하다. 어느 누군가에게 효과적인 방법이 나에게는 맞지 않을 수도 있고, 나에게는 효과적인 방법이 다른 사람에게는 맞지 않을 수 있다. 일단 시도해보고 자신에게 효과가 있는지 없는지 확인해서 조정하면서 연습하는 길밖에 없다.

실전처럼 연습하라

다른 사람의 도움이 절실히 필요한 때도 있다. 단어를 외울 때는 혼자서 단어 플래시 카드를 만들거나 단어장의 한쪽을 가려서 외울 수 있다. 스펠링비 공부도 그렇게 할 수는 있지만, 그 방법은 그다지 생산적이지 않다. 단어의 발음을 듣고 철자를 조합해야 하기 때문이다. 혼자 단어를 보고 발음을 따라 하고 다시 철자를 맞추는 연습을 하면, 눈으로 단어를 보면서 따라 맞추는 것과 다름없다. 혼자서 발음하고 철자를 맞추는 1인 2역의 방법은 전혀 도움이 되지 않는다. 뇌는 꾀병을 부리며 방금 본 단어를 기억해서 맞추려고 할 터이다. 이렇게 공부하면 백날 공부해도 외운 단어가 많지 않다. 스펠링비 공부뿐만 아니라 일반적인 어휘 공부도 마찬가지라고 생각한다. 눈으로 본 것만으로는 머리에 남지 않는다. 자신에게 효과가 없는 방법이라고 생각한다면, 주위 사람의 도움을 받아서 다른 방법을 시도해 보는 게 좋다.

나도 같은 실수를 반복하다가 도저히 진도가 나가지 않아서 엄마에게 도움을 요청했다. 엄마는 정말 현명한 방법을 추천해 주셨다. 바로 실전처럼 연습하는 것이었다. 엄마가 단어를 불러 주시면 내가 철자를 맞추고, 내가 철자를 틀리면 엄마가 틀린 철자에 동그라미 표시를 하고 단어 옆에 별표를 하는 방법이었다. 나는 하루에 외울 분량을 다 공부하고 나서 단어장에 표시된 단어들을 다시 한 번 점검했다. 두 번 틀릴 때는 펜으로 밑줄을 그어 표시했고, 세 번 틀릴 때는 형광펜으로 밑줄을 그어 표시하고 단어 옆에 별표를 그

렸다. 다행히 세 번 이상 틀린 적은 없었다. 꼭 이 방법을 추천하는 것은 아니다. 다만, 이 표시 방법은 나에게 맞는 방법이었다. 자신에게 맞는 표시 방법이 따로 있을 수 있다. 효과만 있다면 그 어떤 방법도 다 괜찮다고 생각한다.

Words
□ extraordinary
□ lucrative
□ parliament ★
□ rectangular
□ vertigo

엄마가 시간을 들여서 도와주신 게 정말 큰 역할을 했다. 내가 조금이라도 발음을 헷갈려 하면, 엄마가 바로 온라인 Merriam Webster 사전에서 단어를 일일이 찾아서 발음을 들려 주신 게 아직도 감동스럽다. 엄마의 도움이 없었다면 내가 이만큼 성장할 수 없었을 것이고, 단어에 대해 현재와 같은 흥미를 갖지도 못했을 것이다. 그런 의미에서, 꼭 자신에게 동기를 부여할 수 있는 사람을 찾길 권한다. 단어를 불러 주고 찾을 수 있도록 독려할 수 있는 사람에게 부탁하는 것을 추천한다.

엄마와 나는 다음과 같은 방법으로 단어를 연습했다.

엄마: rendezvous['rɑːndɪvuː]. (rendezvous: 만날 약속, 만남)

수인: Would you repeat the word, please?

엄마: ['rɑːndɪvuː].

수인: r-e-n-d-e-z-v-o-u-s.

엄마: 맞았어!

엄마: apparatchik[æpə'rɑːtʃɪk]. (apparatchik: 기관원)

수인: May I have the definition, please?

엄마: An apparatchik is a blindly devoted official, follower, or member of an organization. (apparatchik은 맹목적으로 헌신하는 공무원이나 지지자, 조직의 회원이야.)

수인: a-p-a-r-a-t-c-h-i-c.

엄마: That's incorrect. p 다음에는 p가 한 번 더 오고, chic이 아니라 chik이야. 끝 발음이 세니까 c가 아니라 k가 온다고 외우면 되겠네(단어 옆에 뜻과 어원을 적고 틀린 철자에 밑줄 친다.).

English Note

스펠링비 대회에서 참가자가 출제자에게 할 수 있는 질문

스펠링비 대회에서는 단어가 출제되면 공식적으로 다섯 질문을 할 수 있다 (미국 대회에서는 발음에 대한 질문을 하나 더 추가할 수 있다). 단어의 뜻과 단어의 어원뿐만 아니라, 품사와 예문에서의 쓰임, 다른 발음을 물어서 철자에 대한 힌트를 얻을 수 있다.

1. Would you repeat the word, please?
   (단어를 다시 말씀해 주시겠습니까?)

2. May I have the definition, please?
   (단어의 의미를 말씀해 주시겠습니까?)

3. May I have the origin, please?
   (단어의 어원을 말씀해 주시겠습니까?)

4. Can I have it in a sentence, please?
   (그 단어가 쓰인 문장을 말씀해 주시겠습니까?)

5. What part of speech is it? (part of speech, 품사)
   (그 단어의 품사는 무엇입니까?)

* 미국 내셔널 스펠링비 대회에서 유용하게 사용할 수 있는 질문

6. Are there any alternate pronunciations?
   (다른 식의 발음도 있습니까?)

05 비슷한 단어를 통해서 유추하기

기준 단어를 선택하라

앞서 소개한 연상기법은 나에게 가장 유용했던 방법 중 하나다. 출제 단어를 모르는 경우, 연상기법을 통해서 비슷한 단어를 떠올려서 단어를 맞췄기 때문이다. 무대에서 출제 단어를 맞추는 일은 꽤 어렵다. 집중력과 정신력, 끝까지 해내는 힘이 필요하기 때문이다. 절대 긴장을 늦춰서도 안 되고, 끝까지 버텨야 한다. 비슷한 단어를 통해서 연상한다고 해도 그 비슷한 단어가 무엇인지에 따라 스펠링비 대회에서의 성공이 좌우된다. 따라서 대회에서 철자를 맞출 때는 출제 단어와 비슷한 단어를 아주 신중하게 골라야 한다. 앞으로 소개하는 방법은 미국 내셔널 스펠링비 대회 출전 경험을 토대로 터득한 것이다.

첫 출전한 미국 대회에서 내게 출제된 단어는 'Yayoi(야요이 시대)'였다. 나는 'joy(행복)'를 떠올리며 yayoy로 철자를 나열했는데 어원을 미처 고려하지 못했다. 일본어라는 점을 제대로 파악하고 있었다면 아마 틀리지 않았을 것이다. 일본어의 특징상 i로 끝나는 단어였다. [야요이] 발음이 [조이]의 끝 발음과 너무 비슷해서 y로 단어를 끝낸 바람에 나는 아쉽게도 무대에서 내려 와야 했다. 이때 경험을 통해서 어원의 중요성도 다시 한 번 깨달았지만, 무대에서 출제된 단어를 맞출 때는 비슷한 단어를 어떤 단어로 선정하는지도 중요하다는 것을 알게 되었다. 비슷한 단어를 고를 때는 비슷한 조건의 어원도 고려해야 한다는 것이다.

3학년 때 대회에 나갔을 때는 정말 헷갈리는 단어가 출제되었다. 바로 'novice(초보)'라는 단어였다. 지금 생각해도 그 나이에 어떻게 맞췄는지 믿기지 않는데, 나는 그 무대에서 당연하다는 듯이 바로 철자를 맞췄다. 그 상황을 담은 동영상은 아직도 우리 엄마 휴대폰에서 한 자리를 차지하고 있다. 이 단어를 듣는 순간 머릿속이 하얘지기 직전에 notice라는 단어가 떠올랐다. notice[노티스]와 novice[나비스]는 얼핏 들으면 다르다. 나는 처음에는 두 갈래길에 서게 되었다. novice의 [나]는 notice[노]와 확연히 다른 발음이어서 nau로 시작할 것인가, no로 시작할 것인가를 고민했다. 나는 비슷한 단어 notice를 no를 선택해서 첫 번째 난관을 통과했다. 두 번째 난관은 어떻게 끝맺음을 할 것인가, 라는 문제였다. 첫 번째 난관을 해결할 때와 마찬가지로, notice와 같이 -vice로 끝냈다.

글로 풀어서 보면 notice에서 t를 v로만 바꾸면 되어서 쉬운 일 같지만, 무대에서 서서 철자를 떠올릴 때는 절대 그렇지 않다. 한 철자가 모든 것을 결정하기 때문이다.

다른 예를 들어보자. night(밤)와 might(조동사)가 있다. might라는 단어를 모르면 똑같은 발음의 night를 예로 들어 단어 철자를 맞출 수 있다. 독일어 어원의 단어인 weissnichtwo(어디인지도 모르는 장소, 공상의 땅)가 있다. 이 단어는 [바이스닉트보]로 발음하는데, 정말 맞추기 어려워 보인다. 하지만 단어를 분해해서 보면, edelweiss(에델바이스)의 weiss(하얀)가 보이고 독일어로 '아니다'를 뜻하는 nicht도 보인다. 마지막으로 고려할 점은 독일어의 특징인 w가 v로 발음된다는 것이다(독일어에서 v 발음이 나면 무조건 철자가 w다!). 아무리 어려워 보여도 비슷한 단어들로 끼워 맞추면 문제가 쉽게 해결된다. 큰 계단도 한 번에 오르려면 힘든 것처럼, 한 번에 오르지 않고 중간 중간 쉬었다가 걸어갈 수 있는 계단으로 나눠서 걸으면 훨씬 쉽게 오를 수 있다.

weiss	/	nicht	/	wo
하얀		no		[v]

이외에도, 'ambivalence(모순)' 역시 아주 쉬운 단어다. 11개의 철자로 되어 있어서 어렵게만 보이는데, 꽤 맞추기 쉬운 단어에 속한다. 그 이유는 라틴어 어원의 접두사와 접미사만 알면 퍼즐을 쉽게 풀 수 있기 때문이다. 라틴어로 ambi-는 '양쪽'이라는 뜻이며,

-valence를 연상케 하는 -valentia는 '힘'을 뜻해서, 둘을 합치면 양쪽 다 힘이 세서 뭐가 진실인지 모르는, '상충되는 의견'이 된다.

ambi / valence
양쪽 힘

한 철자만 바뀌는 단어들이 나오면 정말 쉽겠지만, 대부분의 경우에는 부분 부분 힌트가 될 만한 비슷한 단어들을 떠올릴 수밖에 없다. 그렇기 때문에 정말 중요한 것은 '단어 끊기'다. 부분별로 발음과 어원의 특징을 고려해서 가장 비슷한 단어를 찾아서 철자를 끼워 맞추면 된다. 미국 본선 대회에 참가하는 학생들도 이 방법을 사용한다.

어원별로 외워기

나에게 스펠링비는 큰 도전이자 성취다. 스펠링비를 공부하면서 내가 가장 얻게 된 것은 많은 언어를 접한 것이다. 언어 분별 능력은 아직도 내게 큰 영향을 주고 있으며, 내 일상에서도 많이 활용되고 있다. 스펠링비 대회에 참가하고 나서 나는 내 자신이 언어에 흥미가 있다는 사실과 언어 재능이 조금 있다는 사실을 알게 되었다.

지금까지 나는 5개 언어를 배웠고, 스펠링비를 준비하면서 10개 언어까지 접할 수 있었다. 언어의 세계란 파면 팔수록 더 재미있어지는 것 같다. 어떤 언어들은 완전히 다르지만 미묘하게 비슷한 단어들도 있다. 예를 들어, 영어를 배우면 스페인어를 배우기 쉽다. 스페인어에서 '어휘'라는 뜻의 단어는 영어의 vocabulary와 비슷한 vocabulario로, 두 단어는 동계어(친족어, 같은 기원에서 퍼져 나온 언어)다. 중국어의 de(~의)와 스페인어의 de(~의)의 경우 발음은 살짝 다르지만 철자와 뜻이 같다. 이렇게 지구 반대편에 있는 사람들이 쓰는 언어에 공통점이 있다는 점이 너무 신기했다. 그 덕분에 언어가 더 흥미로워지기도 했다. 각기 다른 언어인데도 같은 점과 다른 점을 찾게 되고 여러 언어에 인연을 맺게 한 것이 바로 스펠링비라고 할 수 있다.

내 경험으로 미뤄 볼 때 스펠링비를 '어원 중심'이라고 규정할 수 있다. 단계별로 스펠링비 대회를 치를수록 어원이 더욱 더 단어를 맞추는 결정적인 힌트가 된다. 독일어 단어 chauffeur(운전사)라는 단어는 언뜻 보면 어려워 보인다. 하지만 프랑스어에서 사람을 뜻하는 단어가 -eur로 끝나는 점을 생각해 보면, 독일어도 생긴(?) 것만큼 어렵지 않다는 것을 알 수 있다.

다음은 내가 공부하며 정리한 어원별 특징이다.

1. 라틴어(Latin)

1) 라틴어에는 같은 자음이 반복되는 단어들이 꽤 있다.
   반복 단어에 대한 규칙이 있다기보다는 그 단어의 명사 형태나 동사 형태를 기억하면 된다.

   ex. necessity(명사: 필요성, 필수품)=necessary(형용사: 필요한)
   interruption(명사: 방해)=interrupt(동사: 방해하다)

2) 단어에서 [우] 발음은 대체로 u로 쓰인다.

   ex. lucid(명쾌한)

3) [쓰] 발음은 s가 아닌 sc로 쓰일 때도 있다.

ex. crescent(초승달)

4) k는 거의 쓰이지 않는다. 대신 c를 사용하도록 한다.

ex. canine(개, 송곳니), ductile(잡아 늘일 수 있는)

2. 아랍어(Arabic)

1) 같은 자음이 반복되는 경우가 많다. 단어의 중간에서 많이 볼 수 있다.

ex. coffee(커피), tarragon(타라곤, 향신료의 일종), mummy(미라)

2) al-로 시작하는 단어는 정관사와 같이 쓰이는 단어들이다. 아랍어에서는 자주 찾아볼 수 있다.

ex. alcazar(궁전, 요새), algorithm(알고리즘)

3) 긴 [이] 발음은 y나 i로 쓰인다.

ex. safari(사파리 여행), mummy(미라), alchemy(연금술)

3. 아시아권 언어(Asian Language, 한국어 포함)

1) 긴 [이] 발음은 ee로 쓰인다. 아시안 언어들을 영어로 그대로 차용하면서 발음 나는 대로 철자를 적기 때문이다. 이런 점에서 아시안 단어들이 제일 듣기 쉽고 철자 맞추기도 쉽다.

ex. rupee(루피; 인도 · 파키스탄 등의 화폐 단위),
dungaree(동인도산의 거친 무명천)

2) [ㄱ] 발음은 대부분 k로 쓰인다.

ex. kimchi (김치), karaoke(노래방)

4. 프랑스어(French)

1) [sh] 발음은 거의 항상 ch로 쓰인다.

ex. chauvinism(쇼비니즘), crochet(코바늘 뜨개질)

2) 프랑스어 단어의 끝에 [엣] 발음이 나면 99퍼센트의 확률로 -ette으로 쓰인다.

ex. croquette(크로켓), Antoinette(앙투아네트), baguette(바게트)

3) 단어 끝에 긴 [에] 발음은 -er나 -et로 쓰인다.

ex. dossier(등, 등받이; 서류), foyer(화덕, 난로)
crochet(고리, 걸쇠), fillet(안심), ballet(발레)

4) 단어 끝에서 [아쥬] 발음을 내는 철자는 -age이다.

ex. collage(부착; 콜라주), montage(조립)

5) 끝에 [k] 발음이 나면 -que로 쓰면 된다.

ex. boutique(상점), pittoresque(그림이 될 만한),
technique(전문적인)

6) [우] 발음은 대체로 -ou로 쓰인다.

ex. bouquet(작은 숲, 꽃다발), rouge(붉은색)

7) 끝에 오는 [sh] 발음은 -che로 많이 쓰인다.

ex. gauche(서투른), quiche(키시, 케이크의 일종)

5. 독일어(German)

1) [sh] 발음은 대부분 sch로 쓰인다.

독일어는 자음이 뭉쳐 있는 경우가 많으니 놀라지 말자.

ex. schadenfreude(남의 불행에 대해 갖는 쾌감),
schnauzer(슈나우저)

2) [k] 발음은 음절의 앞에 올 경우엔 k-로 쓰이고 끝에 올 경우엔 -ck로 쓰인다.

ex. knapsack(배낭), glockenspiel(글로켄슈필, 음계가 설정된 철제판을 피아노의 건반처럼 늘어놓은 악기)

3) [f] 발음은 v로 쓰인다.

우리가 흔히 아는 폭스바겐도 이 규칙 때문에 v가 [f]로 발음된다.

ex. Volkswagen(폭스바겐)

4) 긴 [e] 발음은 -ie로 쓰인다.

ex. glockenspiel

5) 긴 [i] 발음은 -ei로 쓰인다.

ex. fräulein(미혼의 독일 여성; (영국 가정의) 독일 여성 가정 교사)

6) [v]는 w로 쓰면 된다.

ex. Volkswagen(폭스바겐), Edelweiss(에델바이스)

7) ss는 [s] 발음이 난다.

ex. Rassenkreis(고리종; 이웃한 개체군들이 한 계열을 이루며 이어진 것)

8) s는 [z] 발음이 난다.

ex. lesen(읽다)

6. 일본어(Japanese)

1) 일본어 특징상 단어 끝에 긴 [이] 발음이 나면 i로 끝난다

ex. Yayoi(야요이 시대), sushi(스시), onigiri(오니기리)

2) [우] 발음은 u 그대로 쓰면 된다.

ex. tofu(두부), haiku(단시)

3) [ㄲ] 발음은 k로 쓰인다.

ex. Teriyaki(데리야끼), yakiudon(야끼우동), takoyaki(타코야끼)

7. 그리스어(Greek)

1) [k] 발음은 대체로 ch로 쓰인다.

ex. chronologic(연대순의), charisma(카리스마)

2) 긴 [i] 발음은 자음 뒤에 오면 y를 쓴다.

ex. hydraulic(수압의), xylophone(실로폰), dynamic(역학)

3) [f] 발음은 ph로 쓰인다.

로마 알파벳을 사용한 시기에는 [f] 발음이 나는 철자가 없어서 ph로 표기했고 이 표기법이 그리스어에도 반영되었다.

ex. phenomenon(현상), philanthropy(자선 활동)

4) j는 그리스어에서 찾기 어렵다. 그렇기 때문에 [j]를 들으면 항상 g로 쓰자!

ex. analogy(비유), geode(지질에서 정동석)

8. 이탈리아어(Italian)

1) 긴 [이]는 i로 사용하면 된다.

ex. confetti(파티에 사용되는 색종이 조각), zucchini(서양호박)

2) [에] 발음은 e로 표기한다.

ex. finale(피날레), vivace(비바체로, 활발한)

3) [sh]는 절대로 sh로 표기되지 않고 c로 표기된다.

ex. crescendo(크레센도), pistachio(피스타치오)

4) [이니]는 이탈리아어 단어 끝에 많이 붙는 지소사이다.

ex. Fantocciini(꼭두각시; 인형극),
linguiini(링귀니, 가느다랗고 납작한 국수류)

5) zz는 [ts] 발음이 난다.

ex. pizza(피자), paparazzi(파파라치), mozzarella(모차렐라 치즈)

9. 스페인어(Spanish)

1) [k] 발음은 qu로 쓰인다.

ex. queso(치즈), conquistador(정복자)

2) [k]는 c로도 많이 표기된다.

ex. caballo(말), casa(집)

3) 스페인어(이탈리아어)에서는 문법적 성별을 가린다.

무생물에도 성별이 있어서 여자면 -a로 끝나고 남자면 -o로 끝난다.

ex. abuela(할머니)/abuelo(할아버지), chica(소녀)/chico(소년)

4) ll은 [y]로 발음된다.

이 발음 사항은 정말 중요하다. 퀘사디아가 quesadilla로 표기되는 이유도 이 특징 때문이다.

ex. pollo(닭), lluvia(비)

5) j는 [h]로 발음된다.

스페인어를 학교에서 3년 동안 배우면서 혼자서 알아낸 스페인어의 특징이다. 흔히 아는 호호바 오일(조조바가 아님)도 jojoba로 쓰인다.

ex. jalapeno(할라피뇨), San Jose(산 호세, 도시 이름)

English Note

자주 쓰이는 그리스어 · 라틴어 어근 단어

어근을 알게 되면, 낯선 단어도 유추할 수 있고 자신의 어휘를 확장할 수 있다. 예를 들어, 우리 생활과 뗄래야 뗄 수 없는 **telephone**(전화기)도 많은 사람이 처음 단어를 배울 때는 철자가 어렵다고 생각했을 것이다. 이 단어를 어근으로 정리해 보면, 간단해진다. **telephone**은 그리스어로 '멀다'라는 뜻의 '텔레(tele)'와 '말하다, 소리'라는 뜻의 '폰(phone)'이 합쳐진 말이다. 이 한 단어의 어원을 알면 텔레그램(telegram, 전보), 텔레비전(television) 등의 단어까지 쉽게 익힐 수 있다. 이와 같이, 어원을 알면 단순히 단어를 외울 때와 달리 단어와 단어를 연계해서 학습할 수 있게 된다.

그리스어 어근 단어(Greek Root Words)

ast(er) = star	**aqu** = water	**biblio** = book	**bio** = life
asteroid 소행성 astronomy 천문학 astronaut 우주비행사	aquarium 수족관 aquatic 물 속에서 사는 aqualung 잠수용 호흡기	bibliography 참고문헌 bibliophile 애서가	biography 전기 biology 생물학 biodegradable 자연분해성의

chrono = time	**doc** = teach	**dyna** = power	**geo** = earth
chronic 만성적인 synchronize 동시에 발생하다 chronicle 연대기	document 서류 docile 가르치기 쉬운 doctrinal 교리의	dynasty 왕조 dynamic 역학 dynamite 다이너마이트	geography 지리학 geology 지질학 geometry 기하학

graph = write	**phon** = sound	**photo** = light	**tele** = far
autograph 사인 graphic 서사의, 필기의 demographic 인구 통계학의	microphone 마이크 phonograph 축음기 telephone 전화기	photograph 사진 photocopy 복사 photon 물리학에서 광자	telescope 망원경 telepathy 텔레파시 television 텔레비전

라틴어 어근 단어(Latin Root Words)

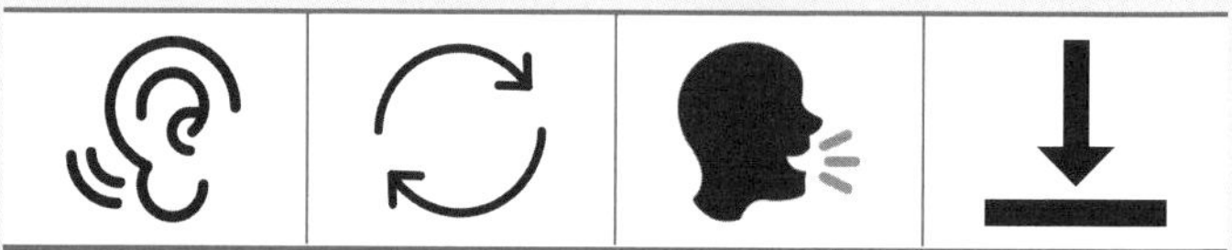

audi = hear	circ = round	dict = say	fund = bottom
audible 들리는	circus 서커스, 곡예	dictate 구술하다	founder 창립자
audience 청중	circulate 순환하다	edict 포고령	foundation 토대
auditorium 강당		dictionary 사전	funding 자금 제공

gen = birth	jur = law	luc, lum = light	manu = hand
gene 유전자	jury 배심원단	lucid 빛나는, 밝은	manual 손으로 하는
generate 발생시키다	justice 공평성	illuminate 비추다	manicure 손톱 손질
generous 관대한	justify 정당화하다	translucent 반투명한	manipulate 조종하다

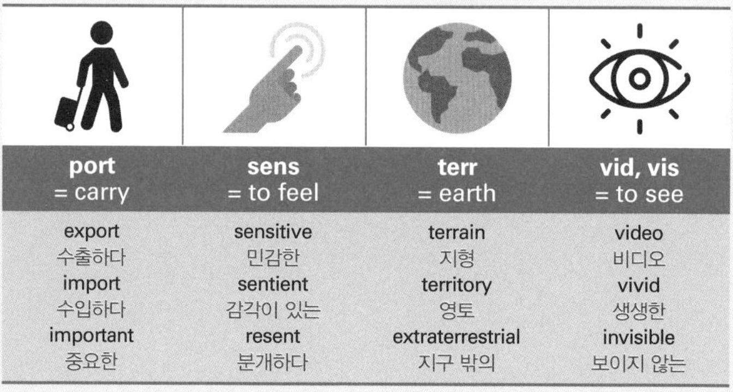

port = carry	sens = to feel	terr = earth	vid, vis = to see
export 수출하다	sensitive 민감한	terrain 지형	video 비디오
import 수입하다	sentient 감각이 있는	territory 영토	vivid 생생한
important 중요한	resent 분개하다	extraterrestrial 지구 밖의	invisible 보이지 않는

07 한국 스펠링비 대회를 준비하는 방법

스펠링비 대회에 참가하면 어떤 점이 좋을까? 독특한 단어들만 출제된다는데 실제로 쓰지 않는 단어를 익히는 게 과연 도움이 될지 의문이 생길 것 같다. 물론 미국 내셔널 스펠링비 대회에서는 챔피언을 뽑기 위해서 대부분의 사람들이 난생 처음 듣는 단어들을 총동원한다. 하지만 미국 대회에 참가하기까지 단어를 재발견하는 경험을 하지 못한다면 그 마지막 단계를 밟을 수 없다(나는 그것이 스펠링비의 숨겨진 의미라고 생각한다). 어차피 살면서 단 한 번도 보지 못할 단어들을 다루는 대회라고 생각한다면 삶에 별 의미를 주지 못한다. 하지만 실용성 있는 단어들을 다루고 영어를 배우는 데 자극을 주는 대회라고 생각한다면 좋은 대회가 될 것이다. 상금이 목표가 아니라, 대회를 통해서 영어 및 외국어 학습에 대한 자극, 그

동기를 키우는 것이 바로 스펠링비 대회다.

미국 대회와 달리, 한국 스펠링비 대회에서는 실용성 있는 단어들이 많이 출제된다. 예선전을 치르면 알 수 있는데, 영어 독해 능력을 향상시키는 데 필요한 기본 단어들이 출제되며, 난이도(레벨)가 점점 높아지는 방식으로 출제된다. 따라서 스펠링비 대회에 참가하면 영어 회화에 정말 도움이 되는 단어들을 미리 배울 수 있는 기회가 되는 동시에 영어와 친해질 수 있는 방법들을 직접 터득하는 유익한 시간이 될 수 있다.

요즘에는 많은 학생들이 토플 공부도 하고 유학에 대비해 SAT도 많이 준비한다. 토플이나 SAT에 나오는 단어들을 공부하면 스펠링비 대회를 따로 준비할 필요가 없다. 한국 대회에서 나오는 단어들은 실전에서 사용되는 단어들이 위주가 되기 때문이다. 따라서 토플과 SAT를 공부하고 한국 대회에 참가하면 일석이조의 효과를 누릴 수 있다.

미국 대회에 출제되는 단어들조차 자신의 어휘 사전을 확장하는 계기가 될 수 있다. 내가 공부한 단어들은 미국 대회 이후로는 삶에서 거의 다시 찾지 않는 단어들이지만, 그런 단어일수록 단어와 친분을 많이 쌓을 수 있는 기회가 되었다. 단어와 친밀한 관계를 유지하는 사람만이 진정한 단어의 친구, 즉 챔피언이 될 수 있다고 생각한다.

English Note

스펠링비 대회에서 자주 출제되는 단어 리스트

사전에 있는 단어들은 어찌 보면 한정적이다. 매년 2,800개 정도의 단어들을 사용하므로, 전년도 단어들과 겹치는 경우가 종종 있다. 8명의 '옥토챔프(Octo-champs)'가 나온 2019년에도 2008년과 2009년, 2010년에 출제되었던 결승전 단어와 챔피언 단어(마지막 챔피언에게 주어지는 단어)가 겹쳤다는 뉴스를 접했다. 심지어 이전 대회에서 자신이 틀렸던 단어들이 재출제되어서 챔피언들이 맞췄다는 소식도 많다. 해가 거듭될수록, 스펠링비 대회에서는 단어 부족으로 전에 출제된 단어들을 더욱더 많이 재사용할 것이다. 단어가 부족하다고 새 단어를 만들 수는 없는 법이다. 그런 이유에서 새로운 단어들뿐만 아니라 이전 대회에서 출제된 단어들을 따로 공부하는 것도 좋은 공부 방법 중 하나다.

옥토챔프들에게 출제된 단어들 중 예전 미국 본선 대회에도 나왔던 단어들은 다음과 같다.

- thymele: 2008년 결승전 출제, 2019년 결승전 출제
  (고대 희랍 극장 안에 있는 Dionýsus신의 제단, 무대)
- longueur: 2010년 출제, 2019년 출제
  (소설 • 음악 등에서 지루한 부분)
- kagura: 2011년 준결승전 출제, 2019년 결승전 출제
  (일본에서 신에게 제사 지낼 때 연주하는 무악)
- quarrion: 2008년 준결승전 출제, 2019년 결승전 출제
  (앵무새의 일종)
- bozzetto: 2010년 예선전 출제, 2019년 결승전 출제
  (회화나 조각을 제작할 때 구상을 결정하기 위한 스케치)
- athyreosis: 2005년 준결승전 출제, 2019년 결승전 출제
  (무갑상선증)
- murrelet: 1991년 준결승전 출제, 2019년 결승전 출제
  (바다쇠오리)
- meerschaum: 1996년 준결승전 출제, 2019년 결승전 출제
  (해포석)

• 에필로그 •

스펠링비는 내게 인생에서 다시 겪지 못할 귀중한 경험과 시간을 선물해 줬다. 그 경험들은 나의 꾸준한 노력과 실패, 성공이 바탕이 된 것이었다. 모든 것이 나의 '첫'이었다. 나의 '첫' 대회. 나의 '첫' 짠 실패의 눈물. 나의 '첫' 밤샘 공부. 나의 '첫' 단 성공의 눈물. 그야말로 단짠단짠의 조합이었다. 돌이켜 보면 너무나도 달아서 다시 돌아가고 싶은 순간들과 다시 느끼고 싶은 감정들이 수두룩하다. 마치 꿀벌(bee)의 꿀처럼, 노력의 열매인 꿀이 백 배 더 단 것 같았다. 그동안 노력하며 흘린 땀을 잊을 정도로. 스펠링비는 이 달디단 꿀을 만들 수 있게 자리를 마련해 줬다. 그래서 나의 오래된 벗인 스펠링비를 세상에 알려서, 스펠링비를 통해 내가 얻게 된 꿀을 나누고 싶다.

사람들은 흔히 어린 나이에 재능을 바로 알 수 있을 거라고 생각한다. 자신의 재능을 일찍 찾는 사람을 세상의 기준에서 '성공한 사람'이라 하고 늦게 발견한 사람을 '실패한 사람'으로 치부한다. 이 기준에 따르면, 나는 성공한 사람인가? 어린 나이에 언어에 대한 재능을 발견해서 성공한 건가? 나는 아직 성공했다는 타이틀을 받을 자격이 없다. 내가 훗날 어느 대학에 갈지 어느 분야에서 일하고 있을지 어떤 사람이 되어 있을지 모른다. 나 (또는 나의 성공여부)를 판단하기에는 너무 이르다. 다만, 이 책이 다른 사람들의 마음을 움직이고 삶의 목표가 생기는 데 조금이라도 도움이 된다면 나는 성공한 사람이라고 생각한다. 명문대에 입학하는 것도 좋고 대기업에 취직하는 것도 정말 좋다. 하지만 지극히 적게라도 세상에 선한 영향을 미칠 수 있다면 그 무엇보다도 값진 일이 된다. 누군가 이 책을 보고 새로운 목표의식을 세울 수 있다면 정말 기쁠 것이다.

이 책을 보는 독자들이 무궁한 가능성과 잠재력을 계발할 수 있는 계기가 되었으면 좋겠다. 독자 여러분께는 자신의 꿈을 위해 무슨 일이든 부딪혀 보라고 조언드리고 싶다. 바로 성과를 이뤄내지 못하더라도 '척확지굴(蚇蠖之屈, 자벌레가 몸을 굽히는 것은 다음에 몸을 펴고자 함이라는 뜻으로, 훗날에 성공을 위(爲)해 잠시 굽힘을 이르는 말)'하는 것이니 실패를 통해 성장하고 나아가면 된다. '좌절하지 마라, 성공은 간절한 자에게 찾아오는 것이다.' 이것이 내가 스펠링비를 통해 터득한 교훈이다.

스펠링비 대회에 참가하는 동안 많은 사람들의 축복과 응원에 힘입어 더욱 더 열심히 할 수 있었다. 그 응원에 항상 감사하게 생각하며 살고 있고, 미래의 나에게도 많은 응원 부탁한다고 말하고 싶다. 이 모든 것을 가능하게 해주신 아버지께 영광을 돌린다. 그리고 스펠링비를 공부하는 8년이라는 긴 시간 동안 묵묵히 내 편이 되어 사랑으로 보듬어 주신 엄마, 이 책의 공동저자인 사랑하는 엄마에게 정말 감사하다는 말씀을 드린다.

정수인

부록

스펠링비 모의테스트

다음 테스트는 Round One Spelling, Round One Vocabulary, Round Two and Three Vocabulary의 세 파트로 구성된다. 점수 배점은 각 파트별로 다음과 같다. Round One Spelling에서 각 1점, Round One Vocabulary에서 각 1점, Round Two and Three Vocabulary에서 각 3점이다. (1~12번의 박스는 시험장에서 출제자가 불러 주는 '듣기 영역'으로, 여기서는 필기 시험으로 대체된 부분이다.)

Round One Spelling

1.

[ba-kē]

Definition: a small van or truck

Origin: Afrikaans

a. bakkie b. backie c. bakki

d. backi e. backy

2.

[məgā]

Definition: any of various fleshy-leaved agaves

Origin: Spanish

a. megay b. magay c. maguay

d. maguey e. maguy

3.

[äniks]

Definition: a kind of stone that has straight lines of usually white and black or white and brown and that is used especially in jewelry

Origin: Latin

a. onyx　b. oniks　c. anniks
d. aniks　e. anynx

4.

[īn-kȯrn]

Definition: an ancient wheat having one-grained spikelets

Origin: German

a. acorn　b. aincorn　c. ainkorn
d. eincorn　e. einkorn

5.

[lu̇ft-ˌmen(t)sh]

Definition: an impractical contemplative person having no definite business or income

Origin: German

a. luftmensh　b. looftmensh　c. looftmensch
d. luftmensch　e. looftmench

6.

[kwet-səl-kə-ˈwä-tᵊl]

Definition: a chief Toltec and Aztec god identified with the wind and air and represented by a feathered serpent

a. Ketsakoatle　b. Quetsalcoatle　c. Quetzalcoatl
d. Quatzelcoatl　e. Quesaquoatle

7.

[sa-krə-ˈli-jəs]

Definition: having or showing a lack of proper respect for a sacred person, place, or object

a. sacreligious　b. sacrilegious　c. sacrelegious
d. sacriligious　e. sacroligious

8.

[lôgəˈrēə]

Definition: excessive and often incoherent talkativeness or wordiness

a. logerrea　b. logoria　c. loggeria
d. logerrhia　e. logorrhea

9.

[Tēnē'äptərə̇s]

Definition: a genus of fossil ferns found in Mesozoic or Late Paleozoic strata and characterized by ribbon-shaped pinnae and pinnately arranged veins

a. Teeniapteris b. Taeniopteris c. Tineopteres
d. Tiniopteris e. Teniopteris

10.

[tə-'pē-təm]

Definition: any of various reflective membranous layers of the choroid and retina of the eye

a. tepetum b. tepedum c. tapedum
d. tapetum e. topedum

11.

[bi-səs]

Definition: a fine probably linen cloth of ancient times

a. bises b. bysus c. byssus
d. bissus e. byssis

12.

[shiflē]

Definition: a complex power machine for working embroidery designs and lace patterns on textiles

a. shifley b. chefly c. schiffli

d. schifly e. shiffly

Round One Vocabulary

13. **An anthophilous** being would feed upon

a. insects

b. flowers

c. herbs

d. meat

14. A **tikka** would most likely be a(n)

a. tenthouse made out of deer leather

b. type of Hawaiian clothing

c. Indian dish of marinated meat skewer

d. a genus family of an anteater

15. An **amethyst** is a(n)

a. person who collects jewels

b. another word for anesthesiologist

c. clear purple crystallized quartz

d. amateur in athletics

16. A person specializing in **ophthalmology** would treat a(n)

a. visionary problem

b. skin problem

c. bug infection

d. infectious disease

17. If you have **atychiphobia**, you would fear

a. ants

b. stairs

c. being alone

d. failure

18. If you're in a state of **euphoria**, you feel

a. extreme loneliness

b. great happiness or excitement

c. depression

d. longing for affection

19. If someone has a **parti pris**, he/she has

a. a party member

b. part-time occupation

c. a preconceived opinion

d. a spouse

20. Something **Damoclean** would be

a. threatening and precarious

b. intrepid and audacious

c. timid and reticent

d. eccentric and aberrant

21. If you're called an **ailurophile**, you must like

a. beetles

b. aliens

c. ropes

d. cats

22. If you live in a **riparian** area, you

a. live by an orchard rich in fruit

b. live by a river or stream

c. live near a cemetery

d. live in a remote place

23. A **zucchetto** is

a. an ecclesiastical skullcap

b. an Italian plaza

c. a dark green squash

d. a reflection of sound waves

24. A **tohubohu** is

a. a type of ritual practice

b. a gargoyle at a temple

c. a state of aphasia

d. chaos

Round Two and Three Vocabulary

25. Something in **desuetude** is

a. not used again

b. destroyed

c. returned for something new

d. reused

26. A **diaphoretic** person would most likely

a. talk a lot
b. eat a lot
c. drink a lot
d. sweat a lot

총점수: _____ / 30점

Round One Spelling에서 각 1점(총 12점), Round One Vocabulary에서 각 1점(총 12점), Round Two and Three Vocabulary에서 각 3점(총 6점)으로 계산으로 합산한다.

평가

0<5	미국 예선에서 치는 시험이기 때문에 단어를 거의 몰라도 절대로 기 죽지 말기! 단어 공부를 더 열심히 하는 계기로 삼자!
5<15	한국 내셔널 스펠링비 결승에 갈 실력이 있는 능력자!
15<25	분발하면 미국 내셔널 스펠링비 준결승까지 갈 수 있는 잠재력이 있다.
25≤30	완벽 그 자체! 미국 내셔널 스펠링비 결승까지 충분히 갈 실력이다!

정답

1. a

   bakkie: (뒤에 지붕이 없는) 소형 짐차

2. d

   maguey: 용설란의 섬유 또는 그것으로 만든 밧줄

3. a

   onyx: 오닉스, 줄마노(瑪瑙)와 줄무늬상을 띤 석회암

4. e

   einkorn: 외알밀(작은 이삭에 열매가 한 알씩 열림)

5. d

   luftmensch: 융통성이 없는 사나이, 세상 일에 어두운 사람

6. c

   Quetzalcoatl: 케찰코아틀(고대 아즈텍 족의 주신; 날개가 있는 뱀의 모습을 하고 있음)

7. b

   sacrilegious: 신성(神聖)을 더럽히는, 신을 모독하는, 신을 두려워하지 않는

8. e

   logorrhea: 다변증(억제가 안 되고 말이 봇물처럼 막힘이 없이 쏟아져 나와 멈추지 못하는 상태)

9. b

   Taeniopteris: (지질학에서) 태니옵테리스

10. d

    tapetum: 사람을 제외한 개와 고양이와 같은 포유류 안구의 맥락막에 있는 치밀층

11. c

    byssus: (고대 이집트의) 아마포

12. c

    schiffli: 시플리; 직물에 수를 놓고, 무늬를 넣어 레이스를 만들기 위한 직기(織機) 비슷한 큰 기계

13. b

    anthophilous: (곤충이) 꽃을 좋아하는, 꽃에서 사는

14. c

    tikka: (인도요리) 티카: 고기를 식초·포도주·기름 등에 재워 구운 요리

15. c

amethyst: 자수정

16. a

ophthalmology: 안과학

17. d

atychiphobia: 실패 공포증

18. b

euphoria: (극도의) 행복감, 희열

19. c

parti pris: 선입관, 편견

20. a

Damoclean: 다모클레스의, 다모클레스같은

(다모클레스는 기원전 4세기 시칠리아 왕국의 디오니시우스 2세의 신하로, 평소 왕이 누리는 엄청난 부와 권력을 부러워했다. 어느 날 왕은 그를 자신의 자리인 왕좌에 앉아 보게 했다. 처음에는 즐거워하던 다모클레스는 왕좌 위에서 한 올의 말총에 걸려 있는 날카로운 칼날이 자신을 겨누고 있다는 사실을 발견하고는 화들짝 놀라서 자리에서 내려온다. 그제야 다모클레스는 왕의 자리에는 언제 떨어져 내릴지 모르는 칼 밑에 있는 것처럼 위험이 도사리고 있다는 사실을 깨달았다. 로마의 정치가이자 철학자인 키케로가 연설에서 이 일화를 사용하면서 '언제 닥칠지 모를 위험'이라는 뜻의 '다모클레스의 칼[Sword of Damocles]'이라는 말이 널리 퍼졌다)

21. d

ailurophile: 고양이를 좋아하는 사람

22. b

riparian: 강가(물가)에 사는, 강가(물가)의

23. a

zucchetto: (가톨릭) 모관(신부는 검정, 주교는 보라, 추기경은 빨강, 교황은 흰 것을 쓴다.)

24. d

tohubohu: 무질서, 혼란

25. a

desuetude: 폐지 (상태), 폐용, 불용

26. d

diaphoretic: 발한(성)의, 발한 효과가 있는

중학교 영어 실력이면 영어로 수다 떨 수 있다

권주영 지음 | 13,800원

외우지 않아도 입이 열리는 영어 말하기 트레이닝
한국어로 말할 수 있다면 영어로도 대화할 수 있다!

영어 공부는 열심히 해도 말만 하려고 하면 입이 떨어지지 않는 사람이 많다. 단어나 문장 구조도 암기하고 공부도 꾸준히 하고, 회화 실력을 높이기 위해 '미드'도 많이 시청했는데 도대체 왜 영어 말문이 트이질 않을까? 이 책은 영어를 공부하기 싫어했던 저자가 어떻게 영어를 술술 말하게 되었는지 소개하면서, 영어 말하기에 대한 심리적 접근법부터 누구나 따라 할 수 있는 영어회화 공부법을 알려준다. 복잡하게 암기하거나 문법을 공부할 필요 없이 알고 있는 단어부터 말하기 시작하면 어느새 영어다운 문장을 만들어 술술 말하고 있는 자신을 발견하게 될 것이다.

영어가 트이는 90일 영어 글쓰기

이명애 지음 | 13,800원

듣기, 말하기, 읽기가
저절로 따라오는 최강의 공부법

영어 '쓰기' 공부만으로 듣기, 읽기, 말하기까지 정복한 저자가 생생한 공부 경험과 팁을 알려준다. 영작문 공부라고 하면 까다롭게 문법을 따져가며 글을 써야 할 것 같지만 저자의 공부법은 훨씬 간단하다. 잘된 예문을 따라 써보고 조금씩 자신의 언어로 바꾸어가며 꾸준히 90일만 써보는 것이다. 중학교 영어 실력도 없던 저자가 영어 쓰기를 통해 영어의 전 영역을 마스터한 경험을 따라가다 보면 누구나 영어에 대한 자신감을 가질 수 있다. 누구나 쉽게 따라 할 수 있는 영어 글쓰기 노하우는 물론 책을 읽고 바로 따라 해볼 수 있는 50일 워크시트까지 담아내 초보 학습자들에게 좋은 길잡이가 될 것이다.